그날을 말하다

세희 엄마 배미선

4·16구술증언록 단원고 2학년 9반 제2권

그날을 말하다

세희 엄마 배미선

4·16기억저장소 기획 편집
(사) 4·16세월호참사가족협의회 지원 협조

일러두기

1. 음절로 식별 가능한 소리를 들리는 대로 전사하는 것을 원칙으로 한다.

2. 의미를 파악하기 위해 추가 설명이 필요할 경우 [ ]로 표시한다.

3. 몸짓, 어조 등 비언어적 행위는 ( )로 표시한다.

4. 구술자가 말을 잇지 못해 말줄임표를 사용하는 경우 ……, …로 길고 짧음을 표시한다.

5. 비공개 영역은 〈비공개〉로 표시한다.

6. 비공개해야 하는 희생자 형제자매의 이름은 ○○, △△ 등의 도형기호로, 생존자의 이름은 A, B, C 등 알파
   벳 대문자로 표시한다.

7. 비공개해야 하는 제3자는 직분이나 소속, 성만 공개하고, 이름은 ××로 표시한다. 비공개해야 하는 숫자는
   자릿수에 상관없이 □로 표시하며, 지명은 □□로 표시한다.

4·16기억저장소에서는 세월호 참사 5주기를 맞아 구술증언 수집 사업의 결과물 일부를 100권의 책으로 발간하게 되었습니다. 이 사업은 2015년 6월부터 다양한 학문 분야 구술 연구자들의 자발적인 참여로 진행되어 왔으며, 세월호 참사를 좀 더 정확하고 다각적으로 기록하고 기억하고자 하는 노력의 일환으로 수행되었습니다.

2014년 참사 발생 이후, 참사 피해자들의 목격담과 경험은 안타깝게도 공식적인 국가기관과 언론의 기록 속에서 철저히 소외되거나 왜곡되었습니다. 그것은 세월호 참사가 우리에게 안긴 죽음과 고통의 충격만큼이나 우리 사회의 끔찍한 비극이었습니다. 따라서 사업을 진행하면서 세월호 참사 희생자 가족, 생존자, 생존자 가족, 어민, 잠수사, 활동가, 기자 등등, 참사의 초기 과정을 직접 경험한 분들의 증언을 우선적으로 수집했습니다. 구술자는 이 사업의 취지와 방식에 개인적으로 동의한 분 중에서 선정했으며, 참여 과정에 어떠한 금전적 보상이나 이익이 제공되지 않았습니다. 또한 구술증언 수집 사업을 진행하는 동안, 면담자는 연구자이자 참사를 겪은 공동체 시민으로서 최대한 윤리적이고자 노력했습니다.

구술자마다 매회 약 2시간씩 3회를 원칙으로 음성 녹취와 영상 촬영을 하는 방식으로 진행되었고, 증언의 일관성을 확보하기 위해 면담자는 큰 틀에서 공통 질문지를 사용했습니다. 공통 질문지의 내용은 참사와 구술자 간의 관계성에 따라 차이가 있지만, 유가족 구술의 경우 1회차 '참사 이전의 삶, 팽목항과 진도에서의 경험, 자녀에 대한 기억'을, 2회차 '참사 이후 투쟁과 공동체 활동 경험'을, 3회차 '참사 이후 개인 및 가족이 경험한 삶의 변화와 깨달음, 자녀의 현재적 의미'를 중심으로 했습니다. 이처럼 증언 내용은 참사 이전에서 시작해 참사 발생 당시의 경험과 이후의 변화 과정까지 폭넓게 수집했고, 면담자는 구술 채록 과정에서 구술자의 발화를 최대한 존중하고자 했으며, 무엇보다 각자의 특수한 경험과 다른 시각을 충실히 반영하고자 했습니다.

이 구술증언록의 발간을 위해, 채록된 음성 자료는 문서로 변환해 구술자와 함께 검토했고, 현재 시점에서 공개할 수 있는 영역과 할 수 없는 영역으로 구별했습니다. 따라서 책에 실린 내용은 모두 구술자로부터 공개를 허락받은 부분입니다. 비공개 영역은 추후 구술자의 동의를 받아 적절한 절차를 거쳐 추가로 공개될 수 있으리라 생각합니다.

이 구술증언록 100권에는 그동안 우리 사회에 왜곡되어 알려지거나 잘 알려지지 않았던, 참사 발생 직후 팽목항과 진도 혹은 바다에서의 초기 상황에 관한 중요한 증언이 포함되어 있습니다. 또한, 자녀를 잃는 잔인하고 애통한 상황을 겪으면서도 그 누구보다 강인한 정치적 주체로 성장할 수밖에 없었던 유가족의 마음과 경험을 구체적으로, 그리고 여러 각도에서 살펴볼 수 있습니다. 그 외에도, 이 구술증언록은 2014년을 전후한 한국 사회의 여러 측면을 드러내는 귀중한 자료가 되리라고 생각합니다. 무엇보다 국내외의 많은 분이 이 책을 읽어, 장차 세월호 참사의 진상 규명과 역사 서술에 기여할 수 있기를 바랍니다.

구술증언 수집 사업이 진행되고, 책으로 출간되기까지 많은 분의 도움과 지지가 있었습니다. 이 지면을 빌려 부족하나마 감사의 말씀을 전하고자 합니다.

먼저 (사)4·16세월호참사가족협의회와 4·16기억저장소에 감사를 드립니다. 이분들의 신뢰와 적극적인 협조가 없었다면, 이 사업은 처음부터 시작할 수조차 없었을 것입니다. 또한 어려운 정치 환경 속에서도 사업의 취지에 공감해 재정 지원을 결정해 준 아름다운가게와 역사문제연구소에 감사드립니다. 두 단체 덕분에, 이 사업을 4년 동안 계속해 올 수 있었습니다. 그리고 구술증언록 100권의 발간에 동의하고, 바쁜 일정에도 출판 실무를 기꺼이 맡아주신 한울엠플러스(주)에도 감사를 드립니다. 이 외에도 많은 개인과 단체가 직간접적으로 많은 도움을 주시고 격려해 주셨습니다. 여기에 모두 밝히지 못하는 것을 죄송하게 생각합니다.

말할 필요도 없이, 가장 크고 또 가슴 아픈 감사는 구술자 한 분 한 분께 드리고자 합니다. 이 책이 발간될 수 있었던 것은, 무엇보다 용기를 내어 아픔과 고통의 기억을 다시 떠올리고 장시간 진심으로 이야기를 해주신 구술자가 있었기 때문입니다. 오랜 시간 이야기를 나누며 함께 공감하기도 했지만, 그 아픔과 고통을 어떻게 가늠할 수 있을까 싶습니다. 더 큰 도움이 되지 못함을 안타까워하며, 이 구술증언록 100권의 발간이 피해자분들에게 조금이라도 위로가 될 수 있기를 기원합니다.

2019년 4월
4·16기억저장소 구술팀 책임자
서울대학교 인류학과 교수 이현정

차례

■ 2회차 ■

세희 엄마 배미선

구술자 배미선은 단원고 2학년 9반 고 임세희의 엄마다. 두 남매의 첫째로 태어난 세희는 스스로 계획해 공부하는 노력파 모범생이자, 동생을 잘 돕는 누나였다. 엄마는 참사 후 공권력의 폭력에 대해 절절히 알게 되었고, 세월호 참사의 진실을 밝히기 위한 활동에 참여하고 있다.

배미선의 구술 면담은 2016년 3월 1일, 9일, 16일, 23일, 4회에 걸쳐 총 7시간 4분 동안 진행되었다. 면담자는 김아람, 촬영자는 김솔이었다.

구술자 본인의 프라이버시나 제3자의 프라이버시를 보호해야 할 부분을 제외하고는 구술자의 발화를 있는 그대로 전사했다.

1회차

2016년 3월 1일

1
시작 인사말

면담자　　　본 구술증언은 4·16 사건에 대한 참여자들의 경험과 기억을 기록으로 남김으로써 이후 진상 규명 및 역사 기술에 기여하고자 합니다. 지금부터 배미선 씨의 증언을 시작하겠습니다. 오늘은 2016년 3월 1일이며, 장소는 안산시 단원구 4·16기억저장소 사무실입니다. 면담자는 김아람이며, 촬영자는 김솔입니다.

2
구술 참여 동기

면담자　　　먼저 이 구술에 참여하시게 된 동기가 있으신가요?

세희 엄마　　　저는 가정에 한 명 정도는 하는 줄 알았는데, 한 아이를 키우다 보면 또 틀리잖아요[다르잖아요]. 저희 남편이 "네가 보는 시각하고 내가 보는 시각하고 틀리니까, 네가 보는 시각에서도 다시하는 게 좋겠다" 해서, 할까 말까는 고민했는데 "그래도 하는 게 더 좋을 것 같다는 생각이 든다"고 그래서, [남편이] 하라고 해서(웃음).

면담자　　　아버님 구술이 어머님도 구술을 해야겠다는 생각을 들게 했나요?

세희 엄마　　　했어요, 보는 관점이 틀리기 때문에. 같을 수는 없잖아요. 그래서 '해야 되겠다. 괜찮겠다. 보는 관점도 틀릴 수도 있고', 하는 게 좋을 것 같다는 얘기도 듣고, '괜찮겠구나' 생각이 들어가지고….

면담자   다른 구술하신 부모님들께도 구술에 대한 이야기를 들으셨어요?

세희 엄마   아니, 못 들었어요. 아직은 못 들었어요. 몇 분 하셨다는 얘기는 이렇게, 어떤 부모님이 하셨는지는 모르겠는데, 9반 다른 부모님들도 많이 했으면 하는 생각을 하는 것 같더라구요. (면담자 : 다른 분들도 참여하시면 좋겠습니다) 그러면 좋겠어요.

면담자   이 기록이 어떻게 사용되면 좋겠다고 생각하시나요?

세희 엄마   '나중에 올바르게 쓰여졌으면 좋겠다'라는 생각. '나중에 이게 진짜 살아 있는 증언이고 역사가 되는 거니까, 그런 쪽으로 쓰여졌으면 좋지 않을까' 그 생각을 잠깐 동안 [했어요]. 아직은 그렇게 하고 싶은 것은 없고.

3
『금요일엔 돌아오렴』 책 발간과 북 콘서트

면담자   『금요일엔 돌아오렴』 책에 아버님이 나오셨는데 어머님은 그때 무슨 생각을 하셨나요?

세희 엄마   처음에 『금요일엔 돌아오렴』을 인터뷰를 할 때, 세희 아빠도 하고 저도 했지만, "한 명을 대상으로 했으면 좋겠다. 한 명이 주제가 됐으면 좋겠다" 이래서, "제가 얘기는 더 많이 했지만 우리 남편이 하는 게 더 나을 것 같다"[라고 했어요. 그리고]『금요일엔 돌아오렴』책이 나오고 많이 울었어요, 우리 아이 생각이 제일 많이 나서 울었고(한숨). 네,『금요일엔 돌아오렴』콘서트를 하면서도 '내가 왜 이렇게 해야 되지'라는 생각을 많이 했어요. 그것도 하기 싫은 기억들을 [이야기]해야 되잖아요. 근데 이렇게라도 하지 않으면 또 모르잖아요, 사람들은. 저는 사실 말을 조리 있게 잘하고 이러지는 않아요. 저는 대중 앞에 나가서 말하는 게 사실은 두렵고, 떨리고, 가면 긴장을 너무 많이 해서 멘붕 상태가 자주 돼요, 긴장감이 좀 많아서.

그래서 거의 다 [행사에] 가면 세희 아빠가 주도해서 많이 그거[이야기]를 했어요. 저 같은 경우는 가면 우리 아이 얘기 잠깐 정도만 하고, 사람들 앞에 자체만으로 선다는 게 저한테는 힘들었었는데, 그래도 갔다가 오면 제가 그런 얘기를 해요. 갔다 오면 힘은 들었어도 마음은 가볍죠. 그게 있더라구요. 그리고 우리 아이들이 어떤 생각을 하고, 어떤 아이들이었다는 거를 이렇게 더 많이 알릴 수 있는 그런 계기여서 저는 말은 많이 안 해도 데리고 가라고 [했죠]. (면담자 : 두 분이 같이 다니셨어요?) 저희는 같이 많이 갔어요. 저 혼자서는 가지는 않았어요.

면담자   의지도 되지만 어머님 이야기를 더 하고 싶은 때는 없으셨나요?

세희 엄마   있을 때가 있는데, 하다가 보면, 상대편에서 얘기를 하다 보면 '어, 나 이거 얘기하고 싶은데' [하는 생각이 들기도 해요]. 근데 제가 한 번씩 때를 잘 놓치니까 넘어갈 때가 많았어요. 얘기를 하는데 끊어버리면 그 사람한테 또 맥이 끊기는 거잖아요. 그래서 끝나고 할 때도 있지만 못 하고 넘어갈 때도 있었어요.

4
처음 안산에 정착한 시기

면담자   안산에 어머니께서 처음 사신 건 언제부터인지요?

세희 엄마   1997년? 7년인가 6년인가 그때부터 살았어요. (면담자 : 결혼해서 여기로 오신 거죠?) 네, 세희 아빠 직장이 안산이고 저는 수원이어서 제가 이쪽으로 왔죠, 같이. 저는 세희를 임신해 가지고도 회사를 계속 다닌 상태였고, 세희를 여름에 낳았어요. 여름에 낳는 때 그때 그만두게 되었어요. (면담자 : 출산 직전까지 회사를 다니셨던 거네요) 네, 출산하고 바로 그만둔 거죠. (면담자 : 만삭이실 때도 출퇴근하셨던 거네요) 네, 제가 그 회사에서, 우리 신랑이 농담처럼 하는 말이 "네 월급을 1년 동안 본 적이 없어". 저희 신랑도 벌고 저도 회사를 다니면서 벌잖아요. 그러면 내 월급도 있고, 신랑 월급도 있잖아요. 근데 내 월급은 구경을 못 한 거예요. 난 다 오며 가며 먹는 거, 먹고 싶은 거, 이런 거에 써서 없는 거예요. 그러니까 [신랑이] "1년 동안 너의 월급을 구경을 못 해봤다"고 옛날에.

아침마다 새벽 4시에 일어나서 출근 준비를 하면, 세희 아빠가 저기 스타프라자 거기까지는 버스가 왔어요, 통근 버스가 출근할 때는. 근데 그럼 와가지고, 새벽 4시에 일어나서 준비하면, 거기까지 세희 아빠가 데려다주면, 저는 거기에서 통근 버스를 타고 회사까지 가는 거예요. 저희가 아침 7시에 일을 시작해서 빨리 부지런을 떨어야 했어요.

5
부부의 첫 만남

면담자　　아버님은 어떻게 만나게 되셨어요?

세희 엄마　　제가 갓 20살 됐을 때 친구가 "소개팅 좀 하자"고 그래서 전주에서 처음 봤죠, 그때 저희 신랑은 의경이었고. (면담자 : 군복무 중이셨던 거죠?) 그랬어요. 너무 웃긴 게 처음에 만나가지고 친구들하고 우리 시댁에, 임실에 놀러 간 거예요, 그때는 진짜 그곳이 시댁이 될 줄은 모르고. 여자 친구는 제 친구고 남자 친구는 우리 신랑 친구였어요, 우리 신랑하고 그 남자 친구하고 한동네. 그 친구하고도 시댁은 같아요, 한동네. 나중에 우리 신랑이 시어머님한테 "여자 친구 사귄다"고 했을 때, "옛날에 우리 집에 왔던 아이"라고, "친구"라고 그랬더니 우리 어머님이 기억을 하고 계시더라구요. "호리호리하고 그 치마 입고 온 애?" 그러더래요, "맞다"고. 근데 그때 소개팅한 게 여덟 명인가 아홉 명이었어요. [한꺼번에] 우리 신랑 집에 간 거죠. 그중에 신랑이 우리 어머님한테 얘기하니까, "아, 그 아이?"

그러더래요.

면담자   어머니가 기억을 하셨던 거네요.

세희 엄마   했던 거예요. [시어머니한테] 지금 물어보니까 자기 그런 기억이 없네, 모르겠대. 처음에 우리 어머님한테 말하니까 "그 아이냐?"고 물어보고, "'맞다'고 그랬다"고 하더라구요. (면담자 : 친정에서도 가까우시죠?) 1시간 거리.

면담자   아버님과 교제하실 때 거리가 가까운 거나, 고향이 가까운 것도 영향이 있지 않았나요?

세희 엄마   저는 그때 수원에서 직장생활을 할 때고, 저희 신랑 같은 경우에는 전주에서 의경생활 할 때…. 그니까 가까운 거리는 아니죠, [고향인] 장수가 아니기 때문에. 그때 처음 미팅하는 거였어요. 저는 학교 다닐 때 미팅을 아예 안 했어요, 거의 학교랑 집. 우리 친구들이 자기네들 미팅하고, "다른 학교 아이들하고 미팅하고 이럴 때도 껴주고 싶었는데, 너무 학교랑 집만 [왔다 갔다] 하니까 일부러 안 껴줬다"고 우리 친구가 그러더라고요. (면담자 : 그때도 친구분들이 미팅 많이 나가셨어요?) 많이 했죠.

면담자   아버님하고 미팅 처음 하신 건데 어떻게 바로 결혼까지 하셨어요?

세희 엄마   그때 만난 친구들이 다 신랑 친구들이에요. 우리 신랑은 의경생활을 하고 있는 중이었고 다른 친구는 군대를 갈 입장이었고. 그래서 웃긴 게 진짜 남자 친구 애들 군대 가면 면회 가고 그랬어요. (면담자 : 면회도 같이 가시고?) 네, 면회도 같이 가고 그랬어요. [신랑과 어떻게 결혼하게 됐는지는] 모르겠어요. 군대 갔으니까 편지만 왔다 갔다 하고, 우리 신랑한테만 편지 보낸 건 아니니까. 친구들한 테도 편지는 했으니까….

면담자　　지금도 그분들과 따로 만나시나요?

세희 엄마　　번개를 한 번씩 해요, 몇 명. 번개를 하면 거의 안산에 서 모여요. (면담자 : 많이 떨어져서 살고 그러지 않으세요?) 군포에 살 고 용인 살고 여기[안산] 살고 그러니까 거의 안산으로 와요, 그러면 별말 안 해도 편하고.

6
직장생활

면담자　　당시에 어머니 직장을 좋은 직장으로 사람들이 많이 생각했었죠.

세희 엄마　　응, 그죠.

면담자　　공부를 원래 잘하셨나 봐요.

세희 엄마　　아뇨. 공부를 잘하진 않았어요. 빽[백]을 조금 썼어요. 그쪽에서 영향력이 있는 분이 계셨어요. 저희 언니는 반도체로 보내 고 외삼촌 같은 경우는 전자에 있고, 외사촌 오빠 같은 경우에는 "미 선이는 내가 데리고 있는 게 더 났겠다" 그래서 제가 전기로 갔고.

면담자　　　계열사가 삼성전자였어요? 아니면 전기였어요?

세희 엄마　　　전기. 회사가 틀린 거예요. 전기, 전자, 반도체 틀리잖아요. 그룹인 거죠, 삼성 계열.

면담자　　　업무는 어떤 업무였어요?

세희 엄마　　　현장에서 있다가, 사무실에서 몇 년 근무하고 자재 쪽으로 많이 했어요, 외주업체 쪽으로 자재 관리 그쪽. (면담자 : 아예 기숙사로 바로 들어가신 거죠?) 옆에가 바로 기숙사예요.

면담자　　　근무지에는 남자분들이 더 많지 않으셨나요?

세희 엄마　　　여자가 더 많아요, 전기 쪽도 그렇고. 아무래도 라인 쪽에서 일하는 사람들은 여자가 더 많아요.

면담자　　　고향 떠나는 게 걱정되지 않으셨어요?

세희 엄마　　　웃긴 게, 일주일에 한 번씩 시골 내려갔어요. 제가 생활하는 데 너무 힘들었어요, 적응하기가. 그래서 저희 큰언니가 그때 114에 있어서 전화를 공짜로 많이 했어요. 거의 6개월 정도 매주 시골에 내려갔어요. 시골 가면 어르신들이 그래요. "너는 회사를 간 느낌 안 든다"고, 보시는 어르신들이 "그런 느낌이 안 든다"고 많이 그랬어요. 옆에 언니도 기숙사 생활을 하니까 저하고는 많이 떨어져 있었어요. 그래서 언니가 '안 되겠다' 싶었나 봐요 우리 언니가, [내가] 너무 자주 내려가니까. 원래 기숙사를 외부인이 들어가면 안 돼요. 몰래 다른 사람 저기 해가지고는 언니가 저를 데리고 가서 그 기숙사에서 재우고.

면담자　　　　적응하시는 데 어떤 게 제일 힘드셨어요?

세희 엄마　　　일하는 것도 힘들었지만, 아무도 모르는 사람들하고 저기를 하려고 하니까 그게 힘들더라구요. 방 식구들도 그때 다 들어올 때니까, 먼저 있었던 사람들이 없고, 우리가 다 새로 한두 달 먼저 들어온 그런 저기니까…. 사람 사귀는 게 제일 힘들었어요, 가서. (면담자 : 전화는 누구한테 하셨어요?) 엄마한테 "힘들다"고 그러면 "힘들어서 어떻게 하냐?" 그런 안타까움, "조금만 참아봐라".

면담자　　　　그만두고 싶다는 생각은 안 하셨어요?

세희 엄마　　　그런 생각은 없었던 것 같아요. 일주일 일하고 집에 간다는 그게 되게 좋았었던 것 같아요. 제가 수원에서 전주를 거치거나 아니면 영동을 기차 타고 가서, 무주에 언니가 사니까 부탁하면 형부가 나오지만, 아무튼 새벽에 택시 타고 집에 도착하고 그러면 엄마는 정자나무 아래까지 나와서 기다리고…. [엄마가] "간도 크다"고 [했었지요]. (면담자 : 토요일 근무 끝나고 밤에 내려오신 건가요?) 네. 그러면 진짜 잠만 자고 다시 올라와야 되잖아요. 그걸 많이 했어요, 6개월 정도 했어요. (면담자 : 집을 좋아하셨나 봐요) 좋았죠. 기숙사에서는 밥 같은 걸 못 해 먹잖아요. 그러니까 시골에서 반찬 같은 거 갖고 가서, 애들하고 방 식구들하고 컵라면 먹으면서 김치 먹고 많이 그랬어요. 시골에서 음식을 많이 가져왔어요.

면담자　　　　월급은 많은 편이셨죠?

세희 엄마　　　많았죠. 제가 하는 얘기가 그래요. 거기 다니면서 월급을 한 달에 거의 두 번씩 받았어요. 왜 그러냐면 월급은 따로 받고, 생산 수당, 격려금, 보너스 이렇게 지원되는 게 다달이 있었어요. 딱 11월만 월급만 받았지, 나머지 달은 여름휴가비며 보너스도 다 나오니까 거의 그렇게 받았어요. 돈이 적지는 않았죠, 한 달에 두 번씩 그렇게 받았으니까. (면담자 : 친정에 가져가진 않았나요?) 제가 그냥 모았어요.

7
형제 관계

면담자   형제분이 어떻게 되세요?

세희 엄마   1남 5녀 (면담자 : 어머님이 몇 째세요?) 다섯째. (면담자 : 제일 막내가 아들인가요?) 아니, 여동생. 저희는 오빠가 셋째예요. 아들 낳으려고, 옛날 어른들은 그렇잖아요. 아들 낳으려다가 딸, 딸, 딸 낳았어요. 아들 낳고 싶어서 "아들 하나 더" 그렇잖아요, 어른들은. 아들 하나 더 낳으려고 하다가 딸, 딸, 딸 됐어요. 그런 경우 많아요. 저희 친구들은 더 심한 경우도 많아요.

면담자   수원에 같이 와 계셨던 언니는 몇째 언니신 건가요?

세희 엄마   제 바로 위에 넷째, (면담자 : 첫째 언니랑 나이 차이가 많이 나겠네요) 저하고 10살 차이.

면담자   고향 집에 왔다 갔다 하면 쓰는 돈도 많으셨을 것 같은데요?

세희 엄마　　그죠. 전주에서 저희 시골까지 가는데 택시비 보통 부른 게 2만 원, 2만 5000원, 거의 3만 원. 택시가 요금제가 아니고 기사들끼리 하는 거라, 미터기로 가는 게 아니라 자기네들이 하는 거 있잖아요. 그래서 보통 그렇게 갔어요. "간도 크다"고 그랬어요, "누가 잡아가면 어떡하냐"고. 그런 얘기 엄마한테 많이 들었어요. 버스가 그때는 6시, 7시면 거의 막차. 막차를 못 타니까 [엄마가] 오지 말라고.

8
연애 시절

면담자　　회사 들어가시고 얼마 만에 아버님 만나서 안산으로 오게 된 거예요?

세희 엄마　　저희가 20살에 만나서, 연애는 한 5년 정도 했어요. 4년, 5년 그 정도 했어요.

면담자　　그 기간 동안에 데이트를 어떻게 하셨어요, 전주에서?

세희 엄마　　93년도에 아마 제대를 했을 거예요, 제대를 하고 우리 신랑이 직장을 안산으로 왔어요. 안산으로 왔어도 그렇게 데이트를 많이 한 기억은 없어요. 왜 그냐면 저는 회사에서 놀러를 많이 다녀서, 시골 내려가는 대신에 산에를 많이 다녀서, 동호회 만들어서 거기를 다니느라고…. 그리고 만나면 거의 평일에 잠깐 보고…. 저희 신랑 같은 경우에는 회사를 들어간 게 아니라, 옛날에 라성호텔 옆에 그릇 가게가 이렇게 있었어요. 거기에서 점원으로 일을 했으니까, 토요일, 일요일 날도 일을 해야 되니까, 저희는 가끔 한 번씩 전화 통화를 하든지 그렇게 했지 사실상 연애는, 오래 만나도 잠깐 만났다가 헤어지고 그랬죠. 저 같은 경우에는 회사 다니면서 주말마다 거의 산에서 살았다고 보면 돼요.

면담자　　　산을 좋아하셨어요?

세희 엄마　　좋아하진 않았어요. "한번 가보자"고 해서 가봤는데 너무 힘들더라고요. 진짜 산악회 회장님이 매일 뒤에서 처지니까 남자 둘을 딱 붙여줬어요. "너희가 책임져라", 매일 뒤에서만 못 따라오니까. 거의 계속 남자 둘이가 저 옆에서 붙어가지고 같이 오는 거예요, 몇 달 그랬어요.

면담자　　　어머님도 등산 실력이 느셨겠네요.

세희 엄마　　그죠, 매일 가니까. 저희 같은 경우는 1박은 하지 않아도 무박으로 많이 했어요. (면담자 : 멀리까지도 많이 다니셨어요?) 네, 무박으로 놀러 간 거죠.

면담자　　　동호회에서 어머님께 호감을 표하는 사람은 없었나요?

세희 엄마　　없지는 않았죠, 그때는 우리 신랑하고는 이렇게 친구처럼 편하게 왔다 갔다 가끔씩 만나고 그럴 때니까. 만나자고 하는 사람들도 많았고, "소개해 준다"는 사람들도 많았고, 근데 저는 그렇게 끌리고 이러진 않더라구요. 한번은 제가 채이기도 하고, 둘이 같이 호감은 있었는데 나중에는 '아니다' 싶더라구요. 같은 회사 사람이었는데, "어, 반갑습니다", "안녕하세요, 오빠" 이럴 때는 그랬는데, 몇 번 따로 만나다 보니까 아닌 그런 게 있더라구요. '만날까 말까, 만나야 되나 말아야 되나' 고민을 했는데 그분이 "미선아, 우리는 아닌 것 같다, 우리 그냥 예전처럼 오빠, 동생으로만 있자" 딱 그러더라구요. "음, 그러자"구 [했지요].

면담자   그때까지도 아버님과는 친구처럼 지내신 거네요. 그럼 언제 결혼 결심을 하셨어요?

세희 엄마   그게 계속 만나다 보니까 '아, 이 사람이 나랑 같이 살 사람인가 보다', 자연스럽게 [그렇게 생각이 되었어요]. '나 이 사람하고 살아야 돼' 그게 아니라, 그게 몇 년 동안 같이 만나고 얘기하고 하다 보니까, '나는 이 사람이 아니야' 이게 아니고 '나랑 같이 살 사람인가 보다' 그런 생각이 들더라구요. 처음에 저는 그런 게 없었는데, 우리 신랑 같은 경우는 '어, 얘다' 딱 얼마 안 만나고 나서 '얘는 나랑 살아야 되겠구나'라는 마음을 가졌다고 하더라구요, 저는 아니었는데. 그리고 수원에도 가끔씩 올 때면, 저희 기숙사 같은 경우에는 면회가 어려워요, 그래서 저는 기숙사 앞으로 오는 거를 별로 안 좋아했어요. 그럼 항상 남문이나 수원역이나 이런 데서 만나고 그러면, 데이트를 하면 손도 잡고 그러잖아요, 손도 잡고 팔짱도 잡고 이러잖아요.

우리는 진짜 얘기를 하면 [주위에서] 그래, "니네는 진짜 7, 80년

대 연애를 한 것도 아니고, 뭐 그렇게 연애를 했냐?" 그러더라구요. 진짜 같이 손잡을 일이 있으면 깨끼[새끼]손가락 걸고 가고, 앞에 신랑이 쪼끔 가고 나면 내가 따라가고 많이 그랬어요.

면담자   왜 그러셨어요? 직장이 가까우셔서?

세희 엄마   이게 그쪽이 아는 사람들이 많잖아요, 회사 사람들도 많고 그런 거를 아무래도 의식을 했던 거 같아요. 한번 소문이 나면 다 이렇게 나잖아요. 거기는 조금만 지나가면 다 아는 사람이 있거든. 아마 그게 제일 크지 않았나 싶어요. 데이트할 때도 깨끼손가락을 걸고 연애를 했어요. 결혼하고 나서는 내가 팔짱을 끼고 그러면, 우리 아이들 같은 경우에는 그래요. "엄마, 아빠 옆으로 가" 그러면 내 옆에 세희, 아빠 옆에는 ○○이, 이렇게 해서 제가 가운데 끼잖아요. 이렇게 해서 팔짱을 끼고 그러면 세희 아빠가 "연애 때나 이렇게 팔짱 좀 껴주지" 그런 얘기. 결혼 전에는 친구처럼 우리 신랑을 대했었는데, 우리 신랑은 나 몇 번 보고 '아, 얘랑 살아야 되겠다, 얘는 내 여자다'는 느낌을 받았대요.

근데 웃긴 게 지금 생각해도, 나는 우리 신랑이 월급을 받아 오면 거의 80프로, 90프로를 나한테 돈을 다 줬어요, 연애 때. "이거 네가 관리해", "뭐야, 나는 이런 거 싫어" 그랬는데, "아냐, 내가 월급을 갖다줄 테니까 네가 관리해. 그래서 통장 만들어줘" 그러더라구요. "아니, 내가 나중에 이 돈 갖고 튀면 어떻게 할래?", "그거 얼마나 된다고" 막 그랬거든요. 알고 보니까, 나는 "왜 이래? 내가 이걸 왜 만들어야 해?" 그런 얘기를 하니까 "그거는 '너 내 거야' 이거 찜해논 거야" 그런 얘기를 하더라구요. 우리 친구들이나 언니들이나 "그건 찜해놓은 거네" 이랬거든요. "그런 거야?" (웃음) (면담자 : 그래서 어머님이 정말 관리를 하셨어요?) 월급을 타면 저한테 돈을 다 줬어요. 자기 용돈 쓸 거 좀 남겨놓고는 거의 다 줬었어요. 그래서 제가 월급 받아 오면 통장에다 넣어주고 그랬어요. (면담자 : 신혼살림 하실 때도 어머니께서 그렇게 관리하셨던 걸로 집을 마련을 하셨던 거예요?) 우리 신랑하고 저하고 모아놓은 걸로 전세 얻고, 살림살이 준비하고, 그런 거죠.

9
결혼

면담자   바로 결혼식 올리셨어요? 아니면 일단 먼저 사시고.

세희 엄마   저희는 먼저 살았어요. 왜 그러냐면 저희 세희 아빠 위에 형님, 아주버님이죠, 아주버님이 계셨는데 그분도 결혼을 안 하고 계셨고, 시골에서는 형부터 해야 된다는 그런 것도 있으니까, 저희도 오빠가 결혼을 안 하고 있었기 때문에…. 그렇잖아요, 시골 어르신들은, "어디, 오빠 두고 먼저 가냐"고 그래서 늦어졌어요. 그리고 시골에서는 그런 거 따지잖아요, 아홉수 이런 거 따지잖아요. 그런 거 따지다 보니까, 저하고 세희 아빠하고 1살 차이다 보니까 그런 거 따지니까 늦었어요. (면담자 : 세희 낳고 결혼식 하셨어요?) 낳고 한 4년 만인가 그 정도. (면담자 : 속상하지 않으셨어요?) 처음에는 속

상했죠. 혼인신고만 하고 사는 거하고 결혼식을 하고 사는 거하고는 틀리잖아요. 시골에서는 안 된다고 그러니까, 그리고 아주버님 먼저 가야 되고, 저희 쪽은 오빠가 먼저 가야 되는 그거였고…. 결혼식을 하게 되면 사주를 보잖아요. 아홉수가 걸리니까 안 되고 그러다가 미뤄졌죠. (면담자 : 오빠와 아주버님 결혼하신 후에 결혼하셨겠네요?) [오빠와 아주버님이] 결혼하고 그다음 해에 [제가 결혼]했어요, 바로. 세희가 4살 정도 됐을 때 그때 했어요.

면담자   그때 새로운 기분이 드셨어요?

세희 엄마   좋았죠. 더 의미가 있었던 거는 세희 아빠가 부케를 만들어줬어요. 직접 자기가 꽃 사다가 이렇게 만들고, 리본으로 장식 이렇게 해서 다 자기가 직접 그렇게 해줬어요. 더 의미가 깊죠. (면담자 : 결혼식 하실 때 이미 ○○이도 태어났을 때겠네요) 네, 태어났죠. 야외촬영 같은 거 할 때도 제 밑의 동생이 많이 애들을 돌봐줘서, 결혼식은 우리 어머님이 아프시고 차를 오래 못 타서 시골에서, 순창에서 했어요.

그냥 살 때하고는 틀리게 '내가 진짜 이 사람하고 사는 저기구나' 그런 거하고, 내가 이 집 며느리라는 그런 느낌. 이 집 사람이라는 그런 게 있었죠. 그냥 그 전에는 산다는 느낌이었는데 하고 나서는 내가 이 사람 부인이란 거, 그런 게 조금 더 [있었어요]. 결혼식 안 할 때는 제가 힘들고 그러면 '혼인신고는 했어도 이혼하면 되지'라는, '이혼하면 되지 않을까' 하는 그런 생각도 몇 번 했죠, 살다 보니까 안 맞는 게 있으니까. 결혼식 하는 거하고 안 하는 거하고는 마음가

짐도 틀려지더라구요, 그렇게 되더라구요.

10
세희의 어린 시절

면담자　　　　살아보니까 안 맞는다는 생각하셨던 때가 있으세요?

세희 엄마　　　오래 사귀다 보니까 '저 사람은 이렇구나' 다 받아들였
던 것 같아요. 그래서 살면서 제일 힘들었던 게 세희가 낯을 많이 가
리는데 아빠한테도 낯을 많이 가렸어요, 아빠한테도. 아빠가 새벽에
나가면 밤늦게 오니까 그럴 수밖에 없죠. 보는 게 저밖에 없으니까.
(면담자 : 아빠 보고 많이 울고 그랬어요?) 으응, 많이 울었어요. 저하고
떨어져 본 적이 없어요. (면담자 : 잠시 떨어져 본 적도 없나요?) 없죠,
저하고 잠깐 떨어져 있는 것도 엄청 저기 하니까. 내가 세희한테 항
상 했던 얘기가 "야, 너는 내 껌딱지였어" 그 얘기, 이렇게 화장실 갈
때도 업고 볼일을 보고 그 정도였으니까. 잠시 잠깐도 눈앞에 보이
는데도 그게 안 되는 거예요, 나하고 붙어 있어야만 돼, 그게 있었어
요. 그런 얘기했어요, "너는 엄마 껌딱지였어, 그걸 알아야 돼" 그럼
막 웃어, "내가 언제 그랬냐"고. (면담자 : 거의 혼자 키우신 거네요) 그
죠, 애 낳고 나서 우울증도 조금 왔었으니까. 옛날에 그러더라구요.
[우울증이] 오는 거를 느끼기는 했는데 그런 거를 잘 챙기지는 않았으
니까…. 거의 혼자 키웠죠.

면담자　　　　세희 낳고 복직을 하셨어요?

세희 엄마   아, 그러고 나서는 제 아이들만 키웠어요. (면담자 : 인천으로 가신 때가 그땐가요?) 태어나고 갔어요. ○○이 2살 때, 세희가 4살? 아니 2살, 세희가 2살 때였나, 3살, 4살 거의 다 될 때 갔어요. 그니까 제가 기억나는 게, 인천 가서도 세희 바로 사촌 언니가 세희보다 1살이 더 많아요. 그 아이는 5살 때 우리 세희는 4살이니까 어린이집을 다니고 싶어 했어요, 언니가 다니니까. "[어린이집] 보내달라" 그래서 인천에 있을 때 여러 군데를 알아봤는데 "나이가 너무 어리다"고 "4살"이라고, "1년 더 있다가 오라"고 그 얘기를 많이 들었었는데 그때 한 교회를 갔었어요. 청천교회를 갔었는데 거기서 "보내시라"고 그러더라구요. '그럼 보낼까' 그래서 "이제 갈래?" 그랬더니 그때는 4살 땐데 간대요. 그런데 너무 웃긴 게 아침마다 떨어지는데 울었어요. "간다"고는 했는데 울었어요. '보내지 말까' 생각을 했는데 나중에 [어린이집에] 물어봤어요, "세희 울고 그러지 않냐"고, [어린이집에서는] "무슨 소리 하냐"고, "너무 잘 놀고 있다"고. 떨어질 때 잠깐만 우는 거예요.

울고 갔으니까 잘 노나 안 노나 이렇게 한 번씩 가서 보면 잘 놀아요. 근데 어느 때 눈이 마주칠 때가 있어요. 그럼 또 엄청 우는 거야. 그럼 거기에서 "오지 마시라"고 "잘 노니까, 오지 마시라"고 그래 갖고 안 가고 그랬는데, 너무 궁금하니까 한 번씩 [가고는 했었죠]. 제가 무슨 얘기를 들었냐면 세희는 4살이고 다른 아이는 5세 반부터 있었어요. 엄마들이 그런대요, "동생인 세희만 이뻐한다"고. 선생님이 가르칠 때 아이들 앞에다 두고 세희는 무릎에 앉혀놓고 가르쳤어요. 그런데 아이들이 샘이 났나 봐요. 제가 무릎에 앉혀서 가르치는 걸 봤거든요, 몰래 가서. 나중에는 엄마들이 그런 얘기가 많더라구요. "누구는 그러냐" 그니까 나중에 선생님이 아이들한테 그랬대요, "너네보다 어린 동생이니까 이렇게 더 안아줘야 된다"[라고]. 그렇게 해가지고는 그 선생님이 계속 쭉 1년 넘게 보듬어서 세희를 그렇게 해줬어요. 세희도 아침마다 떨어질 때 거의 한 달을 울었어요.

면담자   어머니는 유치원에 가끔 가서 보시고?

세희 엄마   네, 그것도 몰래 가서는 보는 거예요. 눈이 안 마주치면 괜찮은데 눈이 마주치면 우니까, 웬만해서는 몰래몰래 보고 왔어요.

면담자   인천 생활은 어떠셨어요?

세희 엄마   제가 안산에서 생활하다가, 세희 아빠 직장도 있고 그래서 그쪽으로 갔는데 모르겠어요, 저하고는 안 맞았던 것 같아요 거기가, 약간 삭막한 느낌도 들고. 제가 여기서 생활을 해서 그런지는 모르겠는데 거기는 너무 정이 안 가고 그러더라구요. 그래서 나중에, 우리 애들이 막 많이 뛰어놀고 그런 편은 아닌데, 밑에 집에 나이 드신 어르신들이 사는데 층간소음 이런 것 때문에 엄청 스트레스를 제가 많이 받았어요. (면담자 : 밑에서 항의하시고 그랬어요?) 네, 우리 애들이 안 뛰어도 옆에서 뛰면 울려가지고 다 하는 것처럼 들리는 거예요. 아 진짜 그것 때문에, 우리 아이는 안 뛰고 있는 상탠데도 "계속 울린다"고 항의도 많이 들어가지고, 나중에 진짜 못 살겠더라고요. 제가 너무 힘들어 가지고 제가 "이사 갔으면 좋겠다" 그래가지고 안산으로 이사를 왔어요.

안산 정착

면담자　　다른 동네도 있었을 텐데 왜 안산이었나요?

세희 엄마　　이상하게 이쪽이 끌리더라구요. 그래서 다른 데로 갈려고도 생각은 했다가 (한숨을 내쉬며) 다시 온 게 어떻게 또 여긴 거야. 지금 저희 살고 있는 집 옆에가 우리 세희가 태어났던 집이거든요. 세희가 5학년 때 지금 집으로 이사를 갔어요. 우리가 옛날에는 "세희 네가 태어났던 데가 여기야". 바로 우리 집 옆 건물이잖아요, 옆 번지수잖아요. 세희랑 ○○이가 거기서 태어났으니까 알아요.

면담자　　일부러 그 옆집을 알아보셨던 거예요?

세희 엄마　　그건 아니에요, 일부러 오려고 알아본 건 아닌데 (한숨을 내쉬며) "우리도 그냥 내 집 마련하자. 아파트는 못 가더라도 빌라라도 사서 가자" [해서] 알아봤던 땐데, 알아보던 집 중에 제일 괜찮았어요, 지금 살고 있는 집이. 그래서 저희가 그쪽으로 왔었는데 세희가 우선권이 있다 보니까 (웃으며) 방이 세 개인데, 저희 안방은 빼고, 방 두 개 중에 자기가 제일 먼저 넓은 방을 차지해 버린 거예요. 동생도 넓은 데로 가고 싶은데 누나가 먼저 찜을 해서 가지를 못하고(웃음), 되게 좋아했어요, 자기 방이 생기는 거니까. 그 전에는 방이 두 개여서 [세희가] 동생하고 같이 방을 썼으니까, [자기 방이 생겨서] 너무 좋아했어요. 들어가기 전에 지저분하잖아요, 먼지도 많고. 그니까 먼저 가가지고 몇 날 며칠을 닦았는데도 가서 또 닦고 또 닦고…. 이게 내 집이라는, '이게 진짜 내 집이야' 이런 게 있으니까 몇 날 며칠을 쓸고 닦고…. 안산에서 전세 살다가, '안 되겠다, 이제 집을 얻어서, 하나 사서 살자'[라고 생각했던 거죠]. 그러니까 이사를 네 번 정도 했나 봐요, 다섯 번째.

세희도 자기 방이 생기니까 진짜 너무 좋아했어요. 자기 방 생겼다고 엄청 좋아했어요. (면담자 : 어머니도 좋으셨겠어요) 좋았죠. 비록 대출을 끼고는 샀어도 [내 집이] 생기는 거니까 너무 좋았고, 애들이 너무 좋아했어요. 그렇잖아요, 내 집, 내 방이 생기는 거니까…. 세희 친구 중에 올해 대학교 간 친구가 있는데 그 아이가 그러더라구요. "어머니, 나 올해부터는 저도 제 방이 생겨요", 딱 그러는 거예요. "좋겠다" [그랬죠]. 그니까, 세희 친구 같은 경우에도 언니, 오빠가 있고 그 아이가 막내니까, 언니하고 항상 같이 쓰다가 이번에 이사하는데 자기 방이 생긴다고 너무 좋아하더라구요. '세희도 진짜 그때 이랬겠구나' [싶은 생각이 들었어요]. 세희 방 베란다 쪽에 보면 잡동사니도 넣어놓지만 세희가 만들어놨던 작품들이 많아요. 무슨 얘기하다 샌 것 같아….

12
점핑 클레이를 잘했던 세희, 세희 성격

면담자   세희 클레이 공예는 어릴 때부터 했었어요?

세희 엄마   세희가 4학년 때부터인가 그때부터 만들었어요. 세희가 초등학교 3학년 땐가 비즈[구슬 공예]를 배웠어요, 비즈를 하고 싶어 했었는데 우연찮게 제가 점핑 클레이[인조 점토의 일종] "한번 배워보지 않겠냐?"고 [권했어요]. 처음에 제가 의도했던 거는 성격을 아니까, 스트레스를 받으면 그래도 풀어야 되잖아요. 그 의도로 처음에 점핑 클레이를 얘기했었는데 그게 맞았어요, 자기도 "해보겠다"고. 그때부터 점핑 클레이를 했었어요. 근데 나중에 선생님이 "세희는 취미반으로 말고 강사 자격증 딸 수 있게 했으면 좋겠다"고 "너무 솜씨가 좋다"고 그래서 초등학교 6학년 때 그걸 준비를 해서 중학교 1학년 때 그 자격증을 땄어요. 그게 점핑 클레이는 작품을 내거든요, 작품을 내서 심사를 해요. 세희 아빠가 세희랑 같이 수원에 가서 심사를 받았어요. 그때 당시에 세희가 최연소로 아마 된 걸로 알고 있어요, 작품 그 심사받은 중에 최연소.

면담자   그때 되게 뿌듯하셨겠네요.

세희 엄마   그쵸. 자기도 그게 한순간에 되는 거는 아니니까, 다 틈틈이 하는 거라, 중학교 들어가고 고등학교 때도 자주는 못 가도 틈틈이는 갔어요. 아무래도 그게 좀 맞았던 것 같아요. 그리고 세희 친구도, 친구 따라 강남 간다고 엄마한테 졸라가지고 같이 배우고…. 선생님 말, "쟤는 아닌데" 그 얘기를 하시더라구요. 친구는 [재능이] 아닌데 따라가고 싶고 같이하고 싶으니까, 그니까 세희가 하는 거 "자격증 따고 싶다"고 하니까, 자기도 "자격증 딸 수 있게 하고 싶다고 했다"고, 점핑 선생님이 그 말씀을 해주시더라구요. "세희는 말도, 처음에는 낯을 가려서 많이 안 하는데 계속 얘기하다 보니까 웃

긴 것 같지 않으면서도 웃긴다"고, "조곤조곤 말도 잘하고 그런다"고
그러더라구요, "그러냐"고 [했지요]. 집에 있으면 문 닫아놓고 친구들
하고 (웃으며) 깔깔깔대는 소리도 잘 나고 그랬어요. 근데 세희 같은
경우에는 자기가 먼저 친구한테 다가가지를 못했어요.

면담자   커서도 낯가림이 있었나 봐요.

세희 엄마   네, 있었어요. 고등학교 때도 자기가 그게 오해할 일
이 아닌데, 친구들 간에 오해가 있어서 어떻게 풀어야 되는지 그때
도 고민도 하고…. 제일 힘들었을 때가 고등학교 1학년 때인데, 아
이들이 학교 등교를 했는데 3월 2일 날 등교하기 전에 예비 소집일
이 있잖아요. 갔는데 자기네들끼리 친한 아이들이 많아 보였다는 거
예요, 친한 아이들이. 3월 개학을 하고 학교를 갔는데 벌써 자기 친
한 아는 아이, 학교 여러 군데서 왔을 텐데 벌써 그룹이 져 있다는
거예요. "엄마 어떻게 해야 해?" 그런…. 처음에 1학년 때 "친구는 너
가 먼저 다가가야 돼. 다가오기를 기다리면 너한테 다가오지를 않
아. 먼저 다가가 가", "근데 엄마 그룹이 다 지어 있어" 이러더라구
요. "그래도 다가가. 먼저 다가가서 너가 먼저 인사하고 네가 먼저
가서 저기를 해. 처음에 그게 힘든지는 아는데 먼저 다가가, 먼저 인
사하고 그래. 갈 때도 '잘 가라'라고도 인사도 좀 하고 그래. 그러면
다가갈 수 있어".

지금 생각해 보면 단원중학교에서 아이들이 엄청 왔어요, 바로
옆이잖아요. 그니까 그때 아이들끼리도 친한 아이들이 많잖아요. 계
속 연결되고 그러니까 세희는 친구 사귀는 거를 좀 많이 힘들어했어

요. '다가가고는 싶은데 내가 어떻게 해야 되나' [하면서] 1학년 때가 힘들어했어요, 많이.

면담자 키우시는 동안에 그때가 많이 제일 기억이 나세요?

세희 엄마 왜냐면, 다가가고 싶은데 먼저 그 안에 무리가 져 있으니까, 그 안에 어떻게 자기가 들어갈까 그런 고민을 고등학교 1학년 초에 많이 했어요. 그러고 나서는 지나니까 괜찮더라구요.

13
누나를 따르던 동생

면담자 키우면서 둘째 ○○이에게 조금 더 애착이 가거나 하지 않으셨어요?

세희 엄마 내가 세희한테랑 ○○이한테랑 이렇게 하면 그래요. 세희는 진짜 까칠해서 키우기가 힘들었어요, 근데 ○○이 같은 경우는 순둥이. 세희가 너무 까칠하다 보니까 ○○이는 그냥 거둬 키운 것 같아요. 세희가 5살 때까지 거의 내 품에서는 떠나진 않았어요. ○○이는 혼자서 잘 놀았어요. 세희 같은 경우는 4살, 5살 이럴 때까지도 [어린이집] 갔다 오면 안 떨어지고 그래 가지고…. 진짜 제가 옛날에 "세희 너는 까칠녀야, 까칠녀", 내가 맨날 둘이 그런 얘기를 했어요. 제가 좀 신기했던 게 떨어질 때 진짜 원장님이 우리 세희 4살 때 "보내라"고 했을 때 되게 걱정을 많이 했어요. '진짜 보내도 될까?' 아침마다 우니까, 그게 진짜 한 달 갔어요. 동네가 창피할 정도로 엄청 울었어요. 그러면서도 가면, 자기네들끼리 있으면 또 그렇게 잘 노는 거예요. 근데 나하고 눈이 마주치기만 하면 우는 거예요. 갔다가 오면 틀려졌던 게, 선교원을 갔다 오면 동생하고도 같이 잘 놀았던 거. 떨어질 때는 너무 힘들게 떨어지는데 갔다 와서 이렇게 하는 걸 보면 그래도 동생도 챙길 줄도 알고 잘 놀았어요.

책 가지고 탑 쌓기도 잘하고, 동화책 이렇게 탑 쌓기도 잘하고, 자기네들끼리…. ○○이 같은 경우에는 자기 누나가 하는 거는 어렸을 때부터 다 했어요. 그리고 어렸을 때도 누나가 입었던 거는 지가 다 입어. 그니까 누나 거는 다 받아들여요, 누나가 하는 행동은 또 다 따라하고 그니까. ○○이가 세희 단원고 갔을 때도 자기도 "간다"고, "누나 따라간다"고 그랬어요. "누나가 다니는 학교 자기도 간다"고 그랬었거든요. 그럴 수밖에 없었던 게 저희가 맞벌이를 하고부터는 ○○이 같은 경우에는 세희한테 많이 의지를 했던 느낌이 들어요. 거의 방학 때도 세희가 많이 그런 거를, 먹는 거나 이런 거를 세희가 다 챙겨줬기 때문에.

14
현재 회사 입사

면담자   언제 다시 복직하셨어요?

세희 엄마   저는 이 일, 저 일은 많이 했는데 세희 초등학교 1학년 때 급식을 했었어요, 다른 학교 급식. 주방에서 급식을 하다가 시간

제로는 했었는데 아닌 것 같아서 다시 집 근처 회사로…. 거기도 몇 년 다녔다가 아닌 것 같아서 지금 살고 있는 집으로 이사를 하면서 저도 직장을 옮겼어요. 지금 현재 다니고 있는 회사로, 그때 직장이 지금까지 계속 다니고 있는 거예요.

면담자　　지금 회사는 어디세요?

세희 엄마　　반월공단. 지금 현재는 의료기기 만드는 회사.

면담자　　경력은 적용됐나요?

세희 엄마　　그런 것 없었고…. 광고 보고, 나이 제한이 있었는데 거기 전화를 해봤죠, 혹시 모르니까. 했더니 "와보라"고 그러더라고요. 그래서 갔는데 마침 다른 사람이 면접을 왔더라고요. 근데 저는 호적으로는 나이가 1살이 어려요. 같이 온 사람은 호적상으로는 나보다 1살 많은 사람, 조건이나 이런 것도 그 사람은 시흥이었고 저는 와동이었고. 조건 같은 거를 따지면 제가 더 나았나 봐요. 그래서 다니게 됐고….

면담자　　아버님께서 노조활동을 하실 때였나요?

세희 엄마　　그때는 아니었어요, 우리 신랑 같은 경우에도 지금 다니고 있는 회사를 다닌 지 갓 1년 넘었고, 저도 새 회사를 들어갔고. (면담자 : 세희가 많이 도와줬겠네요) 사실 세희가 많이 도와줬어요. 집 안일도 집안일이지만 자기 동생도 챙겨가면서, 뭐든지 저기 하면 동생 ○○이는 누나를 너무 많이 의지해서 물어봐요. 누나 옆에서 좋으니까 찌르고 이러는데 세희는 그게 귀찮은 거예요. 좀 크니까 '좀 귀찮다'라는 표현도 하더라고요. 말은 안 해도 표현으로 보이더라구요.

15
세희의 사춘기와 노력파였던 세희

면담자   사춘기 접어들면서는 어땠어요?

세희 엄마   세희 같은 경우에는 사춘기를, 자기는 사춘기를 겪고 있다고는 할지 몰라도 저희가 봤을 때는 사춘기를 겪지 않은 느낌, 무난하게 넘어간 느낌이었어요. 까칠하게 저기 하진 않았거든요. 세희 같은 경우에는 한 번씩 ○○이를 이뻐한다고 "아, 우리 ○○이, ○○이" 하고 이러면 "엄마는 ○○이밖에 모를 때가 많아" 이럴 때가 있어서 지금 생각해 보면 '그때가 사춘기였지 않았나' 하는 생각. 그때는 "아니야. 엄마 너 좋아해. 너도 사랑해. 너도 좋아" 그랬었었는데, 세희가 봤을 때는 지금 지나고 나니까 그때가 가장, "엄마는 ○○이밖에 몰라" 이럴 때가 있었어요. 지금 생각해 보면 그때가, 표현을 그렇게 안 했을 뿐이지, 그때가 [사춘기이지 않았나] 생각을 해요. 다른 아이들처럼 반항하고 이러지를 않았으니까 [몰랐을 뿐이지요]. 다른 사람한테 얘기를 할 때는 "우리 애는 사춘기를 무난한, 없이 지나간 것 같은데" 그랬는데 지금 생각해 보면 아마 그때가 사춘기였던 것 같아요.

세희 같은 경우는 진짜 열심히 노력하는 노력파거든요. ○○이 같은 경우에는 조금만 해도 성적 같은 게 한 번[에] 올라가는 스타일이고, 세희는 진짜 꾸준히 열심히 계속해서 하는 스타일이고. 한번은 성적이 나왔었는데 너무 비교가 되는 거예요, 세희가 성적이 너무 떨어진 거예요. 세희는 밤을 새[위]서 공부를 하고, ○○이 같은 경우에는 보통 9시 반, 10시면 자요. 그리고 '시험공부 한다' 싶으면 10시 반, 그리고 자요. 공부에 대한, 시험 잘 봐야 된다는 스트레스를 주지는 않았거든요. 모르죠, 애들 입장에서는 줬을지는 몰라도 "야, 공부해, 공부해" 이렇게 강요를 하지는 않았어요. 근데 성적을 보면 세희도 상위권에서 있었지만, ○○이하고 비교를 해보면 노력하는 거에 비하면 세희는 그렇게 많이 잘 나오지는 않았어요. ○○이 같은 경우에는 "시험공부 한다"고 그러면 10시 반, 그리고 자요. 우리는 걱정을 해요. "아니, 쟤는 시험 기간인데 10시 반인데 자?" [하고] 둘이 얘기를 해요. 세희 같은 경우는 시험 기간에 계획을 다 짜요.

면담자   매일 얼마나 공부할지?

세희 엄마   응, 응. 이렇게 딱 짜요. "이날은 뭐 하고…". 제가 초등학교 때 시험 과목, 시험 날짜 오면 "이날은…" 이렇게 했어요. 우리 아들도 "그렇게 하라"고는 해줬어도 하지는 않았는데, 세희 같은 경우는 진짜 시험 저기가 있으면 자기가 "며칠은 뭐, 며칠은 뭐" 이렇게 딱 해서 공부를 해요. 시험 기간 때가 되면 "엄마, 나 핫식스[각성 효과가 있는 음료 이름] 사다 줘요" 딱 이래요. 그러면 밤 보통 1시, 2시 이렇게까지도 공부를 해요. 시험 보는 날은 얘기를 안 해도 몇 개를 사다 놔요, 항상 요구를 했으니까. 시험 기간 되면 "뭐, 필요한 것 없어?" 물어보고 그러면 "엄마, 나 핫식스 좀 사다 줘" 그러면 보통 두 개, 세 개 이렇게 넣어놔요. 그 정도로 자기는 진짜, 세희는 열심히 노력하는 거고…. 자기 노력하는 거보다 안 나왔을 때 그때 한번 울었어요. ○○이는 안 한 거에 비해 성적이 [잘 나오니까] 세희가 그때도 그랬어요, "엄마, 내가 더 어려워. 얘네들 문제는 더 쉬운 거야, 엄마". 자기는 겪었으니까…, 성적이 안 나온 거에 대해서 그때는 한번 엄청 울었어요, 중학교 때. 중학교 때 울었어요. 나중에는 너무 미안하더라구요. 그래서 내가 "미안하다"고 했어요.

면담자   왜 어머니가 미안하다고 했어요?

세희 엄마   비교를 했잖아, 세희하고 ○○이하고 비교를 했잖아요. 자기는 진짜 열심히 노력해서 노력했는데 이 정도고 ○○이는 진짜 안 하는 것 같은데 그래도 잘 나오고 그니까. 그때는 나중에는 내가 그래서 "미안하다"고, "미안하다"고 그랬어요. 세희는 진짜 열심히 노력하는 노력파, 죽으라고 문 닫아놓고 진짜 나중에는 밤에도 공부하고…. 자려고 이렇게 보면 문틈 사이로 그 빛이 나오잖아요. '지금도 하고 있구나' 그런 게 보일 때, 그러면 그날 아침에는 못 일어나요. 아침에는 항상 6시면 일어나거든요. 제가 4시 50분이나 5시에 일어나서 아침을 준비하고 제가 씻고, 그다음에 우리 세희가 씻고, 우리 신랑이 씻고 이러거든요. 우리 신랑이 먼저 씻고 우리 세희가 일어나서 씻고 그래요, 시간이 맞아야 되니까.

　아침에 늦잠을 자지는 않는데 그래도 조금 늦을 때가 있어요. 자기가 알람을 해놓고도 못 일어날 때는 내가 가요. "시간 됐는데" 그러면은 군소리 안 하고 진짜 벌떡벌떡 일어나요. 토요일 날, 일요일 날 같은 경우에는 아예 안 깨워요. 문 닫아놓은 상태로 일어날 때까지 기다려주는 거예요, 일어날 때까지.

면담자 공부하는 거 보시기에 어떠셨어요?

세희 엄마 안쓰러웠죠, 안쓰럽죠. 세희 아빠하고 나하고 하는 얘기가 "너무 범생이다. 너무 모범, FM이다" 걱정을 [했어요]. 왜 그랬냐면 우리 그렇게 살았지만, 차라리 문제를 일으켜 가지고 성격도 바뀌었으면 하는데 그게 안 되더라고요. 그래 가지고 초등학교 때 아람단[한국청소년연맹의 초등학생단]을 제가 강제로 넣었어요, 좀 어울리라고. 근데 시끌벅적하고 이런 걸 싫어하는 거예요. 그래도 간 게, '혹시라도 어울리고 그러면 성격 같은 게 바뀔 수 있지 않을까' 싶어서 제 욕심에 보냈어요. 그리고 우리 세희는 나중에 진짜 그러더라구요, 5학년 때. "엄마, 나 이거 안 하면 안 될까? 나 진짜 하기 싫은데". 그니까 3, 4, 5[학년] 3년을 했어요, 아람단을. 근데 6학년 때 "안 하면 안 될까" 이러더라구요. "왜?" 이랬더니 "엄마, 나 진짜 가기 싫고 하기 싫다"고, "그럼 하지 마" [그랬지요]. 근데 반면에 우리 아들은 "엄마, 나 누나 가는 데 나 가면 안 될까?" 아람단을 "누나 가는 데 나도 가면 안 돼?" 이러더라구요.

○○이는 내리 6학년까지는 했어요. ○○이는 나가서 친구들하고 좀 놀고, 그래도 웬만큼 친구들하고 어울리고 그랬는데, 세희 같은 경우에는 자기 친한 아이들 딱 이렇게 몇 명, 깊이는 이렇게는[사귄다] 해도 여러 명 하지는 않았어요.

교육관과 세희의 학교생활

면담자　　교육관이 있으시다면 아이들을 어떤 교육관으로 키우셨나요?

세희 엄마　　저는 아이들한테 '얘는 뭐가 돼야 돼, 되면 좋겠다' 그런 생각은 안 했어요. 평범하게 자라줬으면 좋겠고 아픈 곳 없이 자라줬으면 좋겠고 그 정도였고.

면담자　　공부를 잘해야 한다거나 이런 건 없으셨나요?

세희 엄마　　잘하고 이런 거에는 강요하지도 않았고, 솔직히 저희 그랬어요. 우리 아이들이 성적 같은 것을 받아 오면 그랬어요. "야, 엄마, 아빠보다 잘했다. 엄마, 아빠보다 공부도 더 잘하고, 시험 점수도 [더 높아]. 엄마, 아빠가 학교 다닐 때 이렇게 공부 안 했어, 못했어. 너네보다 더 점수가 낮았어" 그랬거든요. "잘했다", 초등학교 때 시험지 받아 오고 그러면 "아, 잘했다"고, 조금 못하면 "조금 더하면 더 잘할 것 같은데" 그랬고. "너는 뭐가 돼야 돼, 너는 뭐가 됐으면 좋겠어" 이러지는 않았어요.

면담자　　세희가 부모님보다 모범적인 학창 시절을 보냈나요?

세희 엄마　　제가, 초등학교 때 시험 보면 처음에는 제가 계획을 짜줬어요. 아들하고 똑같이 짜줬어요. 그런데 ○○이는 없어요. 근데 세희 같은 경우는 자기가 공부할 거 나중에 자기가 짜더라구요. 같이 초등학교 때도 용돈 기입장을 쓰게 했는데 세희는 그래도 꾸준히 썼어요. 그런데 ○○이 같은 경우에는 없어요. 제가 세희한테 옛날에도 그랬어요. 이렇게 상장 받아 온 거나 성적표나 이런 것도, 제가 옛날에 "세희야, 엄마가 지나와서 보니까, 네가 공부를 못했든 잘했든 이런 것도 버리지도 않고 모아두는 게, 나중에 나이 들어서 이런 것도 하나의 추억이 될 것 같아. 네가 공부를 잘하든 못하든 그걸 떠나서 이것도 하나의 추억이 될 것 같아, 나이 들면". 그래서 우리 세희 아빠랑 연애 때, 그 당시 친구들하고 편지 했던 거를 파일에다다 정리를 해놨거든요. 옛날에 같이 보고 그랬어요, 넘겨서 보고. 저도 새로워요.

그렇게 한 번씩 보면 '내가 이럴 때 이런 편지가 왔었구나' 그러면서 새로웠거든요. 그런 게 하나의 추억이 되니까 나중에 그런 얘기를 했었어요. "모아놓으면, 네가 공부를 잘했든 못했든, 이런 것도 하나의 추억이 되는 것 같더라. 모아놓으면 좋겠다"고 그 얘기를 했었는데 나중에 사고가 나서 보니까 자기가 초등학교 때부터 상장 받았던 거를 파일에다 하나씩 다 껴놓고, 성적표도 초등학교 때부터 받았던 성적표를 파일에다가 하나도 빠지지 않고 다 해놨더라구요. 나중에 사고 나고 보니까 그게 있더라구요(흐느낌). 그니까 학교 면담 가고 그러면 제가 맨날 그랬거든요 선생님한테도, "우리 애는 너무 FM인 것 같아서 난 너무 싫다"[라고요]. 선생님한테 좋지는 않겠지만, 선생님을 만나면 그 얘기를 해요.

선생님이 "세희는 너무 바르고 착하고, 정직하고 예쁘다"고, "선생님 말을 어겨본 적이 없[고], 너무 바르다"고 그 얘기를 해가지고, 저는 그래요. "선생님, 저는 싫어요. 너무 바른 게 너무 싫어요. 때로는 반항도 하고 그랬으면 좋겠다"고 그랬더니 (한숨을 내쉬며) 그러면 선생님이 웃으세요. 선생님이 그래요, "세희 같은 아이들만 있으면 자기는 100명이라도 가르칠 수 있겠다. 너무 착하다" 그런 얘기를 너무 많이 해서, 가면 저는 "싫어요"[라고 했어요]. (웃으며) 세희 같은 경우에는 그 안에서 벗어나면 큰일 나는 줄 알아요. 틀 안에서 벗어나면 큰일 나는 줄 알아요. 그래 가지고 선생님하고 나하고 둘이 이렇게, '야, 오늘 우리 몇 시에 어디서 만나자', 선생님이 '무슨 일 있으니까, 이날 3월 1일 날 3시에 보자' 이렇게 약속을 해놓으면 이 아이는 그 시간을 어기면 큰일 나는 줄 알아요. 약속은 딱 지켜야 돼요.

무슨 일이 있으면 5분, 10분 늦을 수도 있고 그렇잖아요. 그러면 "내가 좀 늦을 것 같아, 기다려" 그게 안 되는 거예요. 좋게 말하면 저긴 거고 안 좋게 말하면 진짜 융통성이 없는 거잖아요. 제가 맨날 그런 얘기를 해. "세희야, 나중에 사회 나가면 FM대로 하는 것도 좋지만 때로는 융통성도 필요해. 너같이 너무 그렇게 하면 나중에 너도 힘들 수 있어. 융통성 있게 해야 돼. 나중에 너도 힘들어". 그런 게 있어요. 그러니까 벗어나지를 못하는 거예요. 딱 이렇게 자기는 어디로 저길 해본 적이 없는 거예요. 그니까 세희 아빠나 저나 둘이 얘기하면 그래요. "쟤는 너무 융통성이 없어" 그런 얘기도 많이 했어요. 학교 입학할 때 교복 길이, 치마 길이 그런 것도 요즘 아이들은 짧게 입잖아요. 학교 규정이 다른 학교보다 단원고가 그때는 강했던 것 같아요. 그래서 치마 길이가 무릎에서 살짝 올라오는 거 그 정도는 괜찮았던 것 같아요. 무릎 위로 살짝 올라오는 거는 봐줬는데 그 위로 올라오면 안 되더라구요.

"아냐, 좀 더 올려도 될 것 같은데" 그러면 안 된대, "규정상 딱 여기". 교복 사러 갔을 때 무릎에서 몇 센티[미터]였거든요. 그거를 맞춰줬어요, 무릎에서 몇 센티 올라가면 "안 된다" 그런다고. "좀 더 괜찮을 것 같은데" [그러면] 안 된대. 그래 갖고 세희가 원하는 그 학교에서 바라는 딱 그걸로 했었어요. "나중에 저기 하면 [자르고 싶으면] 네가 좀 해".

면담자   너무 착한 성격이 걱정이셨군요?

세희 엄마   그런 거였어요. 저는 사실 아이들한테 "친구들도 데리고 와. 엄마가 맛있는 것도 사줄게" 그러면 "됐어" 그리고 안 데리고 와요. 난 학교에 들어갈 때도, 중학교 때는 학교에다 한 번씩 음료수 같은 거, 아이들 무슨 체육대회 같은 거 하면 한 번씩 이렇게 음료수나 빵, 아이스크림 이런 거를 한 번씩 넣어줬어요, 일부러 같이 어울리게. 선생님한테 문의는 했어요. 선생님이 "그런 거는 괜찮다"고 하니까 한번 중학교 때나 이렇게 해줬어요. 고등학교 들어가서 한 번씩 음료수 같은 거 넣어줄려고 했더니 어후, 난리가 나는 거예요. "학교에서 엄마 그런 거 하면 안 된대, 하지 말래. 선생님이 절대 안 된대". 그거는 있잖아요, 돈 뭐 촌지 같은 거, 잘 봐달라고 하는 그런 거기 때문에 절대 안 된대. "엄마, 하지 마" 이러는 거예요. "아니, 너네들 먹으라고", "아니 안 된대. 엄마, 넣지 마. 그런 거 생각하지 마".

면담자   규정에 정말 엄격했네요.

세희 엄마   제가 중학교 때는 음료수 같은 거 학교에다 애들 먹으라고, 초등학교 때도 그랬거든요. 고등학교 때는 아예 못 하게 해버리는 거예요. "선생님한테 물어볼게" 그러면 "안 된다"고, "선생님이 절대 하면 안 된다"고 했다고. "그래? 학교 가서 이거 먹어", "엄마 이런 거 먹지 말래", 진짜 저기 했어요. "친구들하고 가서 이런 거 가서 나눠 먹어" 그러면 "엄마, 그런 거 안 돼", 자기 먹을 거만 딱 갖고 갔어요. "아니, 더 가져가" 그러면 "됐어".

면담자　　　어머니는 관계가 중요하다고 생각하셨었나 봐요.

세희 엄마　　학교 다닐 때하고 아무래도 사회생활하고 틀리니까. 저도 성격이 지금은 많이 변했어요. 저도 진짜 만만치 않은 성격인데, 버스를 타면 빈자리가 있으면 남자가 앉아 있으면 저는 절대 안 앉는, 옆자리가 비었어도 절대 안 앉았어요. 이렇게 옆에 남자가 앉았으면 그 옆자리도 앉기 싫어했어요, 그냥 서서 갔어요. 서서 가는 스타일이었어요. 저도 성격이 참 그렇잖아요. 제가 그런 성격을, 다른 사람한테 다가기도 힘들다는 것을 알기 때문에, 그러면 스트레스를 어떻게 풀 줄 모르는, 그래서 한군데는 풀 데가 필요하기 때문에 처음에 세희한테 점핑 클레이를 권유를 했던 건데 세희하고 맞았던 거죠. 피아노도 가르치고 이렇게 했었는데, 운동은 너무 싫어하니까 피아노나 이런 거 가르쳤을 때도 그거는 괜찮아했어요, 저학년 때는.

면담자　　　세희가 어머니 성격을 닮았다는 생각을 하셨어요?

세희 엄마　　많이 했어요. 제가 처음에 다가가고 이런 게, 저도 사회생활을 처음 했을 때도 그게 내가 힘들었던 거를 알기 때문에, 중학교 때 친구보다도 고등학교 친구들을 계속 만나니까, 그 친구들이 진짜 오래가는지를 아니까, 좀 더 저기 하게 했으면[친하게 지냈으면]

해서…. 일부러 자꾸 모르는 아이도 우리 집에 와서 같이 친해지는 계기가 되고, 내가 이렇게 하면, 먼저 다가감으로 그 친구도 먼저 다가올 수 있게 해주고 싶은 마음에 "친구들 데리고 와. 엄마가 맛있는 거 해줄게. 아님 맛있는 거 사줄게" 그러잖아요. "엄마, 됐어" 딱 이래 버리는 거예요. "세희야 너 생일인데 엄마가 맛있는 거 사줄 테니까, 먹고 싶은 거 같이 저기 하고 싶은 친구들 있으면 데리고 와", 고등학교 1학년 때 "엄마, 돈만 줘" 이러는 거예요. 돈만 달라고, 그래서 그때 제 카드를 줬어요. 그랬더니 "엄마, 너무 재밌게 잘 놀았다"고, "친구들하고 노래방도 가고".

면담자　　　친구들을 사귈 기회를 만들어주고 싶으셨던 거죠?

세희 엄마　　　그죠. 근데 자기가 먼저 그런 거를 저기를[거부를] 해버리니까. 고1 때 가을에 저희가 무주에서 사과를 가지고 왔어요. 그래서 제가 사과를 진짜 여덟 조각을 내서 봉지 이만한 데다 이렇게 줬어요. 어우, 싫다는 거를 억지로 가져가라고 해서 "나눠 먹으라"고…. 저도 그 기억을 못 하고 잊어버리고 있었는데, 사고 나서 생존자 아이 둘을 만났었는데 그 아이 둘이 이야기를 하더라구요. 1학년 때도 같은 반이었고, 근데 그 아이들이 그러더라구요. "세희가 가지고 왔던 그 사과가 진짜 맛있었다"고, "더 먹고 싶었는데 없어서 못 먹었다"고 그 얘기를 하더라구요. 그래서 "그랬냐"구 그랬더니 "그 사과가 진짜 맛있었다"고 그 얘기를 하더라구요.

　　그 아이들이 얘기를 하니까 그때 생각이 나는 거예요, '맛있게 잘 나눠 먹었구나'. 진짜 제가 봉지 한 두 봉지를 했었는데 "너무 많다"

고 조금 덜어냈었거든요. 그래서 친구들하고 "나눠 먹으라"고 줬을 때 "너무 맛있었다"고 그 애들이 그러더라구요. 근데 그 생각도 잊어버리고 있었는데 걔네들이 그 얘기를 해주니까 생각이 나더라구요 (울먹임). '싫다 그래도 억지로 보낼걸', 그런 생각을 해요.

면담자   어머니는 세상 돌아가는 일에 관심이 있으셨나요? 학부모 모임 가신다거나?

세희 엄마   그게, 사실은 가면 그런 게 있어요, 이렇게 부모님들끼리…. 아까 그 얘기했잖아요, 애들이 학교를 왔는데 다 이렇게 [그룹이] 돼버린 거예요. 학교 모임 가면 저도 그런 걸 느껴요, 계속 봤던 엄마들[끼리만] 그런[그룹이 만들어져 있는] 게. 임원 한 엄마들은 계속해요. 그러기 때문에 가면은 "뭐 맡으세요, 맡으세요". 직장 갔다 있으면 반차 쓰고 월차 쓰고 가기는 해요. 뭐 하라고 하면, "저는 직장 다녀서 못 하겠다"고 이렇게 빼요. 그 엄마들은 자기네들끼리 또 보면 모여요, 엄마들끼리. 사실 저는 다니면서 모이기가 그렇잖아요. 무슨 날이면 일부러 가긴 하는데 가서 "뭐 맡으세요, 뭐 하세요" 이러면 "그거는 죄송하다"고, "직장생활을 해서 어렵겠다"고, "나중에 다른 거 하게 되면 하겠다"고, 그래서 1학년 때 같은 경우에는 시험 감독관 같은 거 요청이 왔더라구요. 그런 거는 하고….

       세희 같은 경우에는 학교 같은 데 오는 거, ○○이도 그렇지만 학교 같은 데 하는 걸 별로 안 좋아해요, 오는 거를 반가워하지 않아요. 연락이 와서, 1학년 때도 "엄마가 시험 감독관 하라고 해서 엄마가 했어", "어, 했어?" 그렇게만 하고 와갖고 하는 거 좋아하지 않아요, 싫어해요. 그래도 나는 일부러 반차 써가면서 생각해 가지고 하는데 그래요. 그렇게 나서고 이런 거를 좋아하지 않았어요.

17
남편의 노조활동

면담자　　　　세희 중학교, 고등학교 때는 아버님이 노조활동 하시던 때인데, 아버님이 활동하시는 거에 대한 얘기도 하셨어요? 아버님은 정치적인 이야기도 관심이 많으시던데요.

세희 엄마　　　그쵸, 많이 갔죠, 아무래도 노조 일을 하다 보니까. 노조 일을 할 때도 다른 사람들[은] 한다고 하면 못 하게 하고 그러잖아요. 근데 저는 생각이 그랬어요, '하고 싶을 때 해야지'. 사실은 옛날에도 우리 신랑 직장생활을 하다가 "사업하고 싶다"고 그래서 통장의 적금도 깨갖고 사업을 하고 그랬지만 저는 그때도 반대도 안 했어요. "나이 들면 하고 싶어도 못 한다고 하더라. 우리 아직 젊으니까, 젊었을 때는 어떤 어려움이 있어도 다시 일어날 기회는 많지만, 다시 일어날 힘은 있지만, 나이 들어서는 진짜 애들도 다 커가고 그러면 재기하기 더 힘들다고 하더라". 그래서 세희 어렸을 때 사업한다고 했을 때도, 통장 적금 같은 거 깨고 그랬을 때도 제가 그랬어요. "생활비만 갖다줘" 그랬는데, 비록 망했지만…. "노조 일 한다"고 했을 때도 "하고 싶으면 해" 그랬어요. 저는 하고 싶을 때 해야지 그거에 미련을 많이 두면 아무래도 그렇잖아요. "하고 싶을 때", 저는 그랬어요, "하라"고.

　　　　노조활동이라든가 정치 이야기도 자주 하셨나요?

세희 엄마　　　그럴 때 조언을 많이 해주죠. 이 사람은 이런 거에 대해서 얘기도 해주고 정치적인 것도 그렇고, 자기가 시위가 있거나 참여할 일 있으면 내가 여기를 왜 가는지, 왜 대우자동차 부평 공장에 거기 가서도 밤을 새[우]면서까지 같이 있고, 쌍용자동차 거기 할 때도 있고, 이럴 때 내가 왜 가야 하는지, "지금 현 상황이 이렇다". TV 보도 같은 경우에 안 나오는 내용들을 많이 얘기해 줘요. "조심하라"고, "조심만 하라"고 저는 그랬어요. 그때부터도 그런 얘기를 많이 들었는데 저도 그렇게 내 일 아니다 보니까 심각하게 받아들이지는 않았죠. 제 생각에는 우리 신랑 다치지 않게 조심히 잘 갔다 오기만을 그냥 그때는 바랐죠. "조심히 잘 갔다 오고, 조심하라"고, "몸조심하라"고. (면담자 : 아버님 걱정을 더 많이 하신 거네요) 그죠. 비록 가지만 왜 가는지, 무슨 일이 있어서 가는지는 다 얘기를 해줘요. 그러면 "조심하라"고, 그렇게 얘기를 들으면서도 심각성들을 몰랐던 거죠, 그때도.

면담자　　　아무래도 와닿지 않으니까?

세희 엄마　　　그죠. 내 남편이 집에서도 "노조 일을 한다"고 그러면 "그걸 왜 하게 했냐"고 저희 집에서도 그랬거든요, "그걸 왜 하게 했냐"고. 그런데 "하고 싶다면 하게 돼야지, 내가 왜 말리냐"고 그랬었거든요. 그러면서도 한편으로는 투정도 많이 부렸죠. 왜 그러냐면 아이들하고 같이 있을 시간이, 거의 그쪽에 하다 보니까, 주말도 많이 가 있어야 되고 그래야 되니까 한 번씩은 투정 부렸죠. "가야 돼?" 그런 일 하다가 모처럼만에 쉬면은, 우리는 나가고 싶은데 [남편은] 피곤하니까 자는 거를 더 원할 때가 있으니까 그럴 때는 좀 많이 서운하죠. 아, 세희 카드, 세희가 어렸을 때 일기는 아닌데, 편진데 그게 있었어요. "아, 나는 놀러 가고 싶은데 아빠는 맨날 쉬는 날 잠만 잔다" 그런 걸 봤어요. 너무 미안하더라구요. 나중에 중학교 때, 고등학교 때 "같이 가자"고 그러면 그때는 이미 너무 커버려서 나보다는 친구들하고 놀러 가는 거를 더 좋아했고.

그러니까 우리가 정작 그 아이들이 원할 때는 진짜 못 해줬던 게 그래요. 크니까는 다 자기네들 친구들하고 놀고, 그게 더 좋은 거니까. 부모님들하고는, 엄마, 아빠하고 나가자고 그러면 안 나가요.

18
사고 후 동생의 상황

면담자   ○○이 요즘에도 안 나가려고 하나요?

세희 엄마   안 나가요. 저번에 전주에서 왔다 그랬잖아요. 그때도 안 나갔어요. "○○아, 전주에서 선생님하고 형아 왔는데 그래도 나와서 얼굴 보고 인사해야지" 그러니까 억지로 나와서 아침에 잠깐 고개만 까딱하고 갔어요. 어떨 때는 진짜 (한숨을 내쉬며) 진짜 버르장머리 없이 저기 한다는 생각을 많이 해요. 그 전에는 그렇게까지는 아닌데, 사실 세희가 없고 나서는 이렇게 ○○이한테는 더 이런 거는 잡아줘야 되는데도, 아직 그런 거를 못 하겠어요. 막 그렇게 못 하겠더라고, 혼내는 것도 그렇고. 옛날에는 잔소리도 하고 그랬는데 지금은 그렇게를 못 하겠어요. 안 되더라구요.

면담자   혼자 생각하는 게 있어서 그런 거 아닐까요?

세희 엄마   뭘 물어보고 그러면 어후, 답답해요. 대답을 "싫어" 그러면 "왜 싫은데?" 그럼 "그냥 싫다"라고 그러고, "나가자"고 그러면 "그냥 먹어요" 그러고. 진짜 옛날에는 먹는 것도 잘 먹었어요, 근데 지금은 거의 사정해서 먹어야 되고. 사고 나고 나서는 엄청 폭식을 했어요. 저녁을 먹고 나서도 뭔가를 계속 찾았어요, "먹을 거 없냐"고. 그게 몇 달을 가니까 몸무게가 70킬로[그램]가 넘어버리더라구요. 그게 세희 아빠가 진도에 가 있을 때고, 저는 국회 가고 서명받으러 다니고 이럴 때기 때문에, 집회 가고 이럴 때다 보니까 그때도 지금 생각하면 진짜 세희, 아니 ○○이한테 너무 미안한 것 같아요. 너무 방치를 해버렸던 것 같아요. (울먹이며) 동생은 못 보고 거기에만 너무…. 자기는 "괜찮다"고, "괜찮다"고 하는데 그게 괜찮은 게 아니었더라구요.

제가 국회 같은 데서도 1박하고 2박하고 가끔 올 때 되면 진짜 밥통에 밥하고 국만 많이 끓여놓고 그걸 며칠 동안 먹고 [그랬어요]. 같이 먹다 보면 밥을 엄청 먹었어요, 먹는 거를. 그러다가 거의 밥 먹고 10시, 11시가 되도 뭔가를 찾아. 허기가 진대. 그러면 먹고 싶은 걸로 시켜주면 그거를 혼자서 다 먹어버리는 거예요. 그러니까 그게 몇 달 가니까 진짜 70킬로가 넘어가 버리니까 자기도 몸이 너무 둔한 게 느껴지는가 봐요. 그러고 나서는 아예 안 먹어버리더라구요. 양이 진짜 반절이 뚝 끊어져 버렸어요. 지금은 사정을 해요, "먹으라"고. "뭐 먹고 싶은 거 없어? 이거 좀 먹어봐", "안 먹는다"고 그러면 진짜, 옛날에는 "밥 안 먹는다"고 그러면 저희는 밥을 뺏어버렸어요. 아예 안줬어요, 굶겼어요. 안 먹어버리면 어렸을 때 밥을 안줬어요, 아무것도 안 줬어요. 그러고 나서는 아이들이 저희가 집에서 해주는 거 가리지 않고 잘 먹었었는데 지금은 사정해야 먹어요. "배고프지?" 그러면 안 고프대. "뭐 먹고 싶은 거 없어?" 없대. 지금은 저보다 더 날씬해요(울음).

면담자   개학하면 좀 낫지 않을까요?

세희 엄마   지금 상태 같으면 솔직히 방학이 없었으면 좋겠어요. 방에서 학교 가는 날 모집 일 빼고는 거의 안 나가고, 과외 갈 때 그때 빼고는 안 나가고, 그것도 밤에 나가니까. 집에 있을 때도 자기 방에 저기 돼서 나오지를 않아버리니까 차라리 지금 같으면 '방학이 없었으면 좋겠다', 차라리 학교 가서라도 생활을 하고 와서도 거기[활동] 하니까. 오죽했으면 "바깥공기 좀 쐬고 오라"고, 진짜 방학동안에 두 번인가, 학교 가는 날 빼고 두 번인가 나갔어요. 안 나가요. 거실에 있다가도 [제가] 나갔다 올 때, 한 번씩 거실에 나와 있을 때가 있어요. 그러면 너무 좋아 가지고 "나왔냐"고 그러면 쑥 들어가요. 내가 손을 잡고 그러면 자기는 "들어간다"고 그럼 나는 끌려가요. 그러면 "들어가라"고 손을 놔버려요. 그래도 다행이에요, 처음에는 이렇게 자기 몸 스치는 것도 싫어했으니까. 그래도 "고맙다"고 지금은 옆에 있으면 제가 그래요. "엄마, 한 10초만 있다 갈게" 그러면 세요, 초를 세요. "엄마 됐어, 이제 가" 그래도 저는 행복해요.

자기 몸 스치는 것도 싫어하고, 만지는 것도 싫어하고, 오는 것 자체도 싫어했는데, 그래도 지금은 옆에 잠깐이라도 있게 허락해 주잖아요. 그래서 그것도 고맙고 더 괜찮아질 거라고 믿으니까, 기다려야죠. 기다려야죠, 아직은. 그래도 이렇게 옆에 있으면 잠깐이라도 있게 해주는 게 비록 몇 초지만 그래도 있게 해주는 게 고맙더라고, 미우면서도 고맙고…. 기다려야죠.

면담자　　　긴 시간 여러 말씀 해주셔서 감사드립니다. 1차는 여기서 마치겠습니다.

세희 엄마　　수고하셨습니다.

2회차

2016년 3월 9일

1
시작 인사말

면담자   본 구술증언은 4·16 사건에 대한 참여자들의 경험과 기억을 기록으로 남김으로써 이후 진상 규명 및 역사 기술에 기여하고자 합니다. 지금부터 배미선 씨의 증언을 시작하겠습니다. 오늘은 2016년 3월 9일이며, 장소는 안산시 단원구 세승빌라입니다. 면담자는 검아람이며, 촬영자는 김솔입니다.

2
사고 당시의 기억

면담자   오늘은 사고 당시 얘기들을 많이 여쭤볼게요.

세희 엄마   별로 기억하고 하고 싶지 않은데.

면담자   힘드시면 쉬었다 하셔도 되고, 다음에 이야기해 주셔도 되니까요.

세희 엄마   음, 알겠습니다.

면담자   지난번 이야기 기억나세요?

세희 엄마   기억이 안 나요.

면담자   학부모 모임에 대해서까지 여쭤봤는데요, 그 당시 정치 문제에는 얼마나 관심이 있으셨나요? 아버님 활동 때문에 많이 들으셨다고 하셨는데요.

세희 엄마   네, 듣기는 들었는데 그래도 그렇게 관심은 많이 갖지
는 않았어요. 세희 아빠가 "내가 왜 가서 이렇게 해야 되는지, 지금
현 정부가 왜, 지금 현재 이렇다" 그런 얘기를 해도, 사실 그때도 내
일이 아니라 밖 일이었던 거죠. "어, 그래? 그럼 어떻게 해야 되는 거
야?" 그렇게 물어보고 그랬는데, 소극적이었던 거죠. 듣기만 하고 걱
정만 하고 그랬던 건데, 사고 이후에는 '우리가 잘 살고 진짜 노동자
나 힘없는 우리가 우리 권리를 찾기 위해서는 어떻게 해야 되겠다,
무슨 일을 해야 되는구나' 이런 것도 관심이 가져지고…. 지금 좀 있
으면 저기[선거]니까 그 사람들에 대해서도, 나온 후보에 대해서도
더 알아보고, 이 사람이 어떤 거를 주장을 했고 어떤 거를 실행을 했
는지, 그런 약속은 하는 사람인지 이런 거에 대해서 보게 되고 그렇
게 되더라구요.

면담자   사고 후 첫 선거라서 관심이 많이 가시겠네요.

세희 엄마   가죠. 그 전에는 선거를 하게 되면, 투표를 하게 되면
웃긴 게 저희 세희 아빠가 이 사람은 성향 같은 거 있잖아, 이 사람
은 보수적이고 진보적인 거, 이런 거에 대해서도 얘기하고 그 사람
에 대한 것들도 조금씩 얘기를 해줘서, 그거를 참고로 투표를 하고
그랬거든요.

면담자   아버님이 설명을 해주신 거군요?

세희 엄마   네, 전 잘 모르니까. 그런 거에 대해서, 당 색깔에 대해

서도 얘기도 많이 해주고, "우리 국민들이, 서민들이 잘살고 편하게 살고, 우리 권리를 주장하면서 살 수 있는 당을 지지 해야 된다" 그때도 그런 거를 주장을 했었어요. 그러면 저도 그때는 "당연한 거 아냐?" 그러면서도 같이 투표는 하고 그랬어요. (면담자 : 어머니도 정당 가입이 돼 있으세요?) 아, 있어요. 내가 "해달라"고 그랬어요.

면담자   아버님은 일찍부터 하셨는데 어머님은 언제부터 하셨어요?

세희 엄마   응, 그죠, 일찍부터 했죠. 저는 사고 난 후에 물어봤어요. "후원을 하고 싶으면 어떻게 해야 되는 거냐?"고 그랬더니 신청서랑 이런 거를 갖다주더라구요. 그래서 신청 가입을 하고, 나는 처음에는 후원만 하는 거지 당원까지 되는 건 몰랐는데, 하면 당원도 같이 되는 거더라구요. 당원이 되는 전제로, 저기만[후원만] 하는 줄 알았는데, "당원이 되는 거야?", "어, 그런 거야" 그랬어요. 사고 이후에 "내가 할 수 있게 해달라"고 그래서 당원입니다.

면담자   아버님이 사고 전엔 당 활동을 하라고 권유하시지는 않으셨나요?

세희 엄마   권하지는 않았어요, 사고 이후에 제가 "하고 싶다"고, "어떻게 해야 되냐"고 물어봐서 신청서를 대신 갖다 내주고, 전 쓰기만 하고 대신 신청해 줬어요.

면담자   어머님이 정당에 가입해야겠다고 생각한 직접적인 계기는 뭐였나요?

세희 엄마   사고가 나고 나서 [정부는] 아무것도 해준 것도 없었고, 우리가, 국민이 힘이 너무 약하다는 거를 제가 그때 느꼈어요. '우리의 권리는 우리가 찾아야 되겠다'라는, 그래서 그런 당이 어딜까 찾다가 보니까 그래도 [정의]당이 그나마 다른 당보다는 나은 것 같아서, 힘은 약하지만, 약하니까 제가 보태고 싶고, 힘이 되고 싶어서 그때 결심하게 됐죠, [사고] 있고 나서.

3
수학여행 준비

면담자   수학여행 가기 전에 세희가 특별하게 사달라고 한 게 있었어요?

세희 엄마   저 같은 경우에는 "너 사고 싶은 거 있으면 사가지고 가" 그랬거든요. 수학여행 가기 전에 "친구들하고 부평을 간다"고 하더라구요. "그러면 엄마가 카드로 줄 테니까 사고 싶은 거 사가지고 오라"고 했어요. 그런데 딱 사가지고 온 게, 성산일출봉 올라가는데 거기는 산이라고 생각하고 체육복 마음에 드는 걸로 하나 곤색[진남색]으로 사가지고 오고, 까만 백하고 티하고 그렇게 사가지고 왔는데…. 저는 많이 살 줄 알았어요, 많이 사가지고 올 줄 알았어요. 그런데 자기 "맘에 드는 게 없어서 못 사가지고 왔다"고 그러더라구요. 그리고 사달라고 보채지를 않아서, 저 같은 경우에는 "가방 말고 캐리어 같은 데다 가지고 가, 그럼 괜찮지 않을까?" 그랬는데 "아냐, 엄

마. 나 그냥 가방에다가 메고 그냥 갈래" 그랬거든요. "그래" 그래 가
지고 수학여행 가기 전날 딱 그러는 거예요. "엄마, 친구들이 캐리어
갖고 간대" 그래서 "아니, 안 가져간다며". 친구들이 다 "캐리어를 가
지고 간다"고 그랬다고, 자기도 "가져간다"고 그러더라구.

　그날, 저희 집에는 캐리어가 너무 큰 거라 가져가기는 저기 하니
까 사주려고 돌아다니는데 제 맘에도 드는 게 없었고, 제가 세희 스
타일이나 취향을 아니까 세희 마음에도 들어 하지도 않을 것 같고
그래서 [제] 친구한테 캐리어를 빌렸어요. 빌려가지고 세희한테 그랬
죠. "세희야, 수학여행 갔다 오면 우리 다음에 또 여행 갈 거니까 그
때 갈 때 네 마음에 드는 캐리어로 사자. 그때 엄마가 사줄게" 그래
가지고 그때 "그렇게 하자"고 그래서 친구 캐리어를 빌려서 짐을 쌌
어요. "친구들하고 먹는다"고 과자도 비닐봉지 큰 거 있잖아요, 큰
거로 해가지고는 한 봉다리를 챙겼어요. 나중에 들은 얘기인데 선생
님이 갈 때는 배로 오는데 올 때는 비행기 타고 오니까, "그래도 비
행기도 타고 오면 그래도 [캐리어를] 끌고 와야 되지 않을까" 그랬다
고 하더라구요. 비행기 타고 오면 캐리어 맛을 느껴보자고 그랬는지
는 모르겠는데, 그 얘기를 하더라구요.

　그래서 처음에는 친구들이 다 가방 갖고 간다고 했다가 그 전날
그게 다 바뀐 거예요. (면담자 : 급하게 사러 돌아다니시고) 네, 그 밤에
돌아다녔죠. 근데 제 눈에 들어오는 캐리어들이 없더라구요. 그래서
제 옆에 사는 친구한테 그거를 빌려가지고….

면담자　　　　마음에 들어 했어요?

세희 엄마   안 들어 했어요. 안 들어 했는데 "한 번만 쓰고 갔다 오면, 너 마음에 드는 걸로 엄마가 사줄게" [했지요]. 근데 캐리어가 너무 무거웠어요. 너무 무거워 가지고 내가 용돈 따로는 주고, 아침에 만 원을 주면서 "힘들면 가방이 너무 무거우니까 택시 타고 가라"고 만 원을 줬어요. "아침에 학교 올 때 택시 타고 왔다"고 하더라구요, 그래서 "잘했다"고 그랬고. 약도 비상약으로 한 게 두통약이며 감기약이며 이런 거 챙겨줬다가, 보니까 멀미약은 제가 생각을 못 했어요. 혹시 모르니까, "멀미약은 안 샀으니까 네가 가서 학교 앞에 편의점 있으니까 거기 물어봐서 사라"고 그랬더니 "택시 타고 오고, 멀미약도 사고 그랬다"고 그러더라구요. 저희 집에는 드라이기도 하나라 저 아는 언니한테 여행용 드라이기도 빌렸거든요.

그걸 빌려가지고 제가 그랬어요. "세희야, 우리 거는 안 사 와도 되는데 삼촌한테 캐리어 빌렸으니까 제주도 갔다 오면서 초콜릿 두 개만 사 와. 그리고 이모한테 드라이기 빌렸으니까 잘 갔다 오고 잘 썼다고 선물하게 사 와" 그랬더니 "응, 알았다"고 "사 온다"고 그랬거든요.

면담자   세희가 제주도는 처음 가본 거였나요?

세희 엄마   처음이었어요. 그해에 동생은 2월 달에 갔다 왔고요. 저 같은 경우에도 회사에서 전 직원이 10월, 11월 달 정도에 제주도에 갈 계획이었고, 세희는 4월 달에 가고, 그래서 저희가 그랬어요. "우리 식구들은 다 따로따로지만 다 제주도를 그해에 다 갔다 온다. 아빠만 안 가네" 그랬었거든요. 그래서 가족 여행도 제주도로 갈까,

어디로 갈까 계획을 짰다가 ○○이도 2월 달에 가고 저도 11월 달에 가고 세희도 4월 달에 가고 하니까 여행지는 제주도를 뺐죠.

4
수학여행 전 가족 여행

면담자　　　아버님이 가족 여행으로 일본 여행을 다녀왔다고 하시던데요.

세희 엄마　　　네, 구정 때. 저희 가족이 그렇게 여행을 많이 다니지는 못했어요. 사실은 저희 시어머니가 많이 편찮으시니까 휴가 때도 시골로 가고 명절 때도 가고, 거의 시골로 갔어요. 어머님 돌아가시고 아주버님이랑 형님이랑 살고 계시지만 어머님이랑 틀리니까 그때는 조금씩 저희 가족끼리 다녔어요. 여름휴가 같은 경우에도 울진으로 해서 포항으로 해서 여수, 이쪽으로 다니고 그러다가 "우리도 가족 여행 같이 한번 가보자" 그렇게 13년도부터 계속 어디로 가야 될까 계획을 했었어요. 계획을 하다가 그때 일본이 많이 싸졌더라구요, 비행기가 싸져서 일본에 갔댔어요. 저희는 14년도에 ○○이도 제주도 가고 세희도 가고 저도 갈 계획이었으니까 제주도는 빼고 그계획을 세웠었죠, 13년도부터. "일본 여행 갔다 오고 나서 내년 15년도에는 우리 식구들끼리 보라카이 가자"고 그래서, 세희는 자기 "고3이라 힘들다"고 "안 간다"고 그러더라구요. "그 며칠인데 그냥 머리 식힐 겸 갔다 오자" 그래서 다음에는 보라카이로 계획을 잡고 있었어

71
●
2회차

요(울음).

　근데 중학생들은 해외로 여행 갈 때 학교에다 신고를 안 해도 되더라구요. 고등학생은 방학 땐데도 신고를 해야 된다고 그래서 학교에다 그걸 써서 냈대요. 그래서 "선생님이 많이 부러워했다"고 자랑을 저한테 하더라구요. 선생님이 "일본 갔다 오면 좋겠다"고, "일본에 가면 무슨 선물 사 와야 돼" 그랬다고 그러더라구요. 여행 중에도 세희랑 좋아했는데, 일본 여행 갔다 오고 나서 친구들한테 많이 자랑을 했나 보더라구요. 나중에 엄마들 만나니까 "일본 갔다 온 애가 세희였어?" 그 얘기를 하더라구요. "왜요?" 그랬더니 "우리 반 친구 중에 일본을 갔다 왔는데 너무 좋았는가 봐", 그렇게 자랑을 하더란다구. "그게 세희였어?" 그러더라구요. "응, 세희였어".

면담자　　　어머니도 여행하실 때 좋으셨어요?

세희 엄마　　네, 여기하고 보는 눈이 틀려지니까. 제가 그전에 중국을 갔다 오고 우리나라도 보고, 여행이지만 일본을 보니까 느낌이 틀리더라구요. 일본에서는 우리가 생각하지 못했던 것들, 그런 것들이 좀 눈에 보이고 그래서 "다음에는 보라카이로 가자" 그랬더니 좋아하더라구요. 근데 자기는 "고3이니까 공부해야 된다"는, 너무 부담감이 너무 컸던 거죠. 그 얘기를 하니까 "머리 식힐 겸, 며칠 안 되니까 같이 가자" 그랬었거든요. 저는 "그런 거에는 딱 가는 거야", 그게 있어서 15년도에는 거기를 갈 생각이었어요.

5
세희의 고등학교 생활과 담임선생님

면담자　　본래도 모범생이었다고 하셨는데 2학년 올라가고 나서 공부에 대해 더 달라진 게 있었나요?

세희 엄마　　자기가 먼저 "공부해야 되겠다"고, 저희는 억지로 "아니야, 이거 해야 돼" 이게 아니라 "필요하면 얘기해라, 네가 봤을 때". 그때도 학원을 다니고 그랬는데 "학원하고는 안 맞는 것 같다"고 그래서 "과외를 하고 싶다" 그러더라구요. 그래서 과외를 알아보고 나서 물어보니까 자기한테는 "그게 더 낫다"고 하더라구요, 과외가. "세희야, 엄마가 봤을 때는 영어도 영어인데 네가 약간 수학이 조금 좀 살짝 딸리는 것 같아. 수학도 공부해 보면 좋을 것 같은데 너는 어때?" 내가 그랬거든요. "네 생각은 어때?" 그랬더니 수학여행 갔다 오고 나서 시험 보고 그 결과에 따라서 자기가 결정하겠다고 했거든요. "중간고사 보고 나서 자기가 결정이 되면 엄마한테 얘기해 주겠다, 조금만 기다려달라" 그랬었거든요. "응, 알았다"고 "기다려준다"고 [했지요]. 학교에서 공부하고 과외 가서 일주일에 두 번, 세 번 이렇게 가서 하고, 집에 오면 11시, 12시 그래요.

세희가 과외를 세관, 롯데마트 있는 그쪽 근처에서 했었거든요. 한 번씩은 거기까지 마중을 갈 때도 있고 너무 늦으면 선생님이 데려다줄 때도 있었고 아니면 걸어오면 중간 지점에서 만나서 같이 한 번씩 올 때도 있었고…. 학교 끝나고도 마찬가지였어요. 제가 일찍 오는 날 버스 정류장에서 이렇게 기다렸다가 같이 올 때도 있었고…. 남자가 아니라 이제 여자애가 밤늦게 다니고 그러면 저기 할까 봐 큰길로 다니라고, "골목골목으로 다니지 말고, 큰길로 다녀" 그랬더니 "알았다"고. 밤늦게 다니면서도 골목골목으로 다니고 그러니까 저는 걱정이 되는 거죠, 늦게 오니까. 세희 아빠 같은 경우는 "뭐 그러냐"구, "괜찮다"고 [했지만] 저는 한 번씩 마중 나가고 그랬었어요.

면담자   어머님 회사 다닐 때는 바쁘지 않으셨어요?

세희 엄마   바빴어요, 거의 일 끝나면 9, 8시 반에 끝나서 집에 오면 9시 정도. 그리고 세희 같은 경우에도 학교에서 방과후[교육]를 하고 오면 늦고 그랬으니까. 제일 집에 일찍 오는 저기는 우리 아들, 아들도 학교 갔다가, 학원 갔다가 이렇게 오면 늦지만 그나마 우리 아들이 제일 빨랐어요.

면담자   아버님은 그때는 노조에서 내려오셨죠?

세희 엄마   그때는 내려온 지 한 6개월 정도 됐을 때. (면담자 : 그래도 바쁘셨어요?) 그죠. 일을 해야 되니까, 잔업 같은 걸 하니까, 7시 반 정도면 퇴근을 했어요.

면담자   어머니가 더 늦으실 때도 있었겠네요.

세희 엄마   예. 저는 끝나고 집에 가면 시간이 한 10시 반, 11시 그랬어요, 일 끝나고 저 같은 경우에는 운동을 하고 오기 때문에. (면담자 : 바쁘게 사셨네요) 아니, 그때도 몸이 운동을 안 하면 안 되니까. (면담자 : 허리가 그때도 안 좋으셨던 거예요?) 그건 아닌데, 갑자기 그렇게 안 좋아진 거예요. 사고 나서는 밖에서 생활을 많이 해서 그게 무리가 됐었나 봐요. 저는 몰랐는데 몸은 무리였나 봐요. 그래서 사고 나고 나서는 한동안 운동을 못 했어요. 그런데 안 되겠더라구, 몸이 자꾸 더 아파지니까 해야 되겠더라구.

면담자　　　　세희 2학년 담임선생님은 만나보신 적 있으세요?

세희 엄마　　　만나보지는 못했어요. 만나서 상담하고 이러지는 않았어요. 그때도 약속을 잡고 일부러 간 게 아니라 총회 이런 거 할 때 갔기 때문에 세희가 알려주더라구요. "저기 계신 분이 우리 담임선생님이야". 1학년 때 봤던 담임선생님은 너무 마르신 거예요. "선생님 너무 가냘프시다. 너무 학생 같고 가냘프시다" 그랬더니 "엄마, 저래도 다이어트해". 선생님이 진짜 키는 크시고 50킬로가 안 나가는 느낌이었어요. "선생님 너무 똑똑해서, 엄마", 너무 똑똑하시다고 선생님이, 자기는 닮고 싶었었나 봐요, 그런 게. 나중에 애들이 선생님한테 편지 쓴 것도 있었는데, "2학년 때 가서도 선생님이 제 담임선생이 되었으면 좋겠다"고 그랬는데 2학년 때도 같은 담임선생님이 됐더라구요. 되게 좋아했어요. 애들을 잘 챙겨주고 세희 같은 경우에 성격이 소극적이고 다가가지를 못하는데 작은 배려 하나에 그런 [감동을 하는] 아이였거든요. 그니까 챙겨주고 저기 하니까 너무 좋았나 봐요. "2학년 때도 선생님이 내 담임선생님이었으면 좋겠다", 그 편지를 선생님 아버님께서 복사를 하시고 이렇게 원본을, 그 편지 줬던, 지금 저희들한테 다 주셨더라구요, "가지고 계시라"고.

면담자　　　　전에는 세희가 편지 쓴 걸 모르셨겠네요.

세희 엄마   네, 몰랐어요. 제가 제일 미안했던 게 1학년 때 더 적극적으로 나서서 챙겨주지 못했던 게 되게 미안하더라구. (면담자 : 학교생활에 대해서요?) 학교생활이나 그런 것도 그렇고, 저도 제 생활만 많이 했으니까…. 저도 어떻게 보면 시간을 나를 위해서만 많이 보낸 것 같다는 생각, 많이 챙겨주지도 않은 것 같다는 느낌.

면담자   어머니가 생각하신 것보다 세희가 선생님한테 더 많이 의지하고 있는 것 같았어요?

세희 엄마   좋아했던 것 같아요. 선생님 얘기를 그렇게 잘했어요. "선생님 너무 똑똑하고…", 부러웠던 게 아니라 선생님 자랑을 그렇게 잘했어요. "우리 선생님은 어디 나오고, 한 번에 시험도 붙으시고 너무 똑똑하다". 닮고 싶었던 저기 같아요.

면담자   그래도 좀 안심이 되셨겠네요.

세희 엄마   그죠. (울먹이며) 시험 감독 하러 갔을 때도 오는 거를 좋아하지는 않았어요. 나중에도 선생님이 문자로 "지원하실 분 지원해 주셨으면 좋겠다"고 단체 문자 이런 게 왔길래 제가 "가겠다"고 그렇게 해서, 부모님들이 거의 맞벌이를 많이 하시니까 못 오시는 부모들도 많으니까 각 반에 몇 명씩은 와야 시험 감독을 할 수 있으니까, 그래서 "제가 며칠날 가겠다"고 그래서 아침에 시험 감독 하러 학교 가고. (면담자 : 반차 내시고?) 예. 저는 무슨 저기 있으면 내고 갔어요. "학교 뭐가 있다" 그러면 내고 가서 참여하고 그랬어요. 할 때도 "엄마, 시험 감독 한다고 했어" [하면 세희가] "그거 왜 했어?" [하면서] 별로 오는 걸 좋아하지 않았어요. 저는 해주고 싶더라구요. 그

중학교 때는 무슨 일이 있으면 한 번씩 음료수라도 넣어주고 빵이라
도 넣어주고 그랬는데 고등학교 때는 그런 걸 아예 못 하게 해버리
니까, 그런 거는 해주고 싶더라구요. 그럴 때 아니면 언제 [학교] 가
서 애들을 보겠어요, 일부러 시간 내서 또 가야 되니까.

면담자   그렇게 하셨는데도 못 해줬다는 생각이 드세요?

세희 엄마   서로 많이 학교생활을 하고 오면 진짜 아침에 6시 일
어나서 얼굴 보는 게 다고, 아침 준비해 주고 엄마, 아빠 출근하고
나머지는 학교생활 하는 거잖아요. 학교 갔다 오고 저도 퇴근해서
오면 너무 피곤해 하니까 그렇잖아요. "응, 빨리 씻고 자. 피곤하니
까". 얘기들을 많이 못 나눈 것 같아요. 토요일 날 같은 경우, 일요일
같은 경우 저는 아침에 일어날 때까지 기다리거든요, 안 깨우거든
요. 맨날 피곤해서 11시, 12시에 오고 아침에 6시에 일어나고 너무
힘들어하니까 거의 토요일, 일요일 같은 경우는 진짜 안 깨우니까
보통 11시, 12시 그때 일어나더라구요.

면담자   각자 바쁘니까 여행 가는 게 좋을 것 같다고 생각하셨
을 것 같아요.

세희 엄마   어디 여행 가도, 뭐 어딜 가도, "가자", 영화 같은 거
같이 보고 싶어도 "영화 보러 가자" 이러면 "안 간다"고 그러고, 아니
면 "맛있는 것 있대, 뭐 먹으로 가자" 그러면 "아, 집에서 먹어" 이랬
어요. (면담자 : 둘 다 그랬어요?) 둘 다 그랬어요. 나가서 뭐 하고 이런
거를 진짜 사정사정해 가지고 한번씩 나가고 그랬지 먼저 "어디 가
고 싶어" 이러질 않아서 저희가 "어디 가자. 어디 맛있대, 가서 먹어

보러 가자" 그래서 데리고 다녔어요. 진짜 사정사정하면서 "부탁이
다" [해가면서]. 사진 같은 거 이런 거 찍을 때도, 사진을 찍으려고 그
러면 고개를 돌리고 안 찍으려고 하니까, 일본 여행 갈 때 제가 가기
전에 얘기했어요, "일본 가면 사진 좀 찍자". 그때는 "알았다"고 하더
라구요. 많이 찍기는 찍었어요. 근데 제 사진이 더 많아요. 그래도
찍을 때 "엄마 부탁할게, 엄마 사정할게" 그렇게 해가지고 일본 가서
찍었던 사진이 되게 많아요.

　세희가 와서 하는 말이 그랬어요. "엄마, 내가 10년 동안 찍을 사
진을 다 찍고 있는 것 같다"고, "10년 동안 찍을 사진을 여기서 다 찍
은 것 같다"고. 그때는 몰랐는데 지금 생각해 보면 (눈물을 훔치며)
'느낌이 있어서 그랬었던 건가, 그런 거 아닐까' 그런 생각도 들고….
아침마다 실은 세희가 ○○이를 깨워서 아침을 먹이고 아침 챙겨주
고 그렇게 보냈거든요. 근데 세희가 그러더라구요. "엄마, 나 이제
○○이 아침마다 깨워주기가 싫어. 깨워주기가 싫고 짜증 나" 이러
더라구요. "○○이도 고등학교 입학하니까 미리 연습하라고, 나 안
깨워줄 거야" 이러더라구. "응, 너 편한 대로 해. 너 하고 싶은 대로
해" 이랬거든요. 그게 사고 나기 한 달 전에 그랬거든요. 세희가 2학
년 올라가면서 입학하면서 그 얘기를 했어요. "나중에 ○○이도 고
등학교 가면 자기도 혼자서 해야 되니까, 아침에 일어나는 연습도
해야 되니까 깨워주기가 싫어" 그 얘기를 했었어요. 아침에 늦을까
봐 그랬었는데, "왜? 왜 짜증 나는데?" 그랬더니 "엄마, 싫어 이제"
[그러더라고요].

　그 얘기를 했을 때, "그래, ○○이가 늦잠을 자든 말든 자기가 혼

자 알아서 일어날 수 있게 그러면 알람 맞춰놓으라고 그리고 너는 그러면 깨우지 말고 가라"고 그랬었었어요. "알았다"고 그 뒤부터는 안 깨웠거든요(울음). 자기[세희]도 그때는 '스트레스를 많이 받았나 보다' 그런 생각을 했었는데 지금 생각해 보면 '일부러 그런 건 아닐까. 예감한 게 아닐까. 느낌이 있었던 게 아닐까' 하는 생각이 들어요. 이것도 제 생각이지만, 자기도 죽으려고 생각을 못 했었으니까, 그런 느낌이 들었으니까 얘기를 했겠지만 그렇게 내가 우리 남편한테 그런 얘기를 하면 "그건 네 생각일 뿐"이라고…. 저도 그래요, "내 생각일 뿐인데 세희가 일부러 미리 저기를 한 것 같다"고(울음).

면담자   멈췄다 할까요?

세희 엄마   아뇨, 괜찮아요.

<u>6</u>
사고 소식

면담자   15일에는 세희 마지막으로 본 게 언제셨어요?

세희 엄마   사고 나고 나서? (면담자 : 아뇨, 수학여행 가기 전) 아침에가 마지막이었어요. 새벽에 저희 출근하면서 "재밌게 친구들하고 좋은 추억 많이 만들고 오라"고, "재밌게 잘 놀다 오라"고 그러면서 저희는 아침에 정신없이 나가면서 화장실에서 드라이하는 그 옆모습, "어, 잘 갔다 올게. 엄마도 잘 갔다 와", (눈물을 훔치며) 그 모습이 마지막이었어요(울음). 그럴 줄 알았으면 얼굴 한 번 더 보고 한 번이라도 안아줄걸(울음). 그때 그 옆모습이, 모르겠어요. 느낌이라는 게, 수학여행 가는 거를 그렇게 들떠 있지는 않았으니까. "가기 싫다, 가고 싶지는 않다"고 그랬어요, 가기 싫은 게 아니라 "배 타고 가기 싫다"고, 저도 마찬가지였고. 배 타고 가는 거 싫어했고, 근데 학교 애들도 "배보다는 비행기 타고 가고 싶다는 아이들이 많았다"고 하더라구요. 근데 어떻게 배로 바뀌었는지 모르겠지만, "배 타기 싫다"는 아이들이 의외로 많더라구요.

면담자　　　　그날 밤에 날씨가 안 좋아서 배가 안 뜰 수도 있다고 했었죠?

세희 엄마　　　늦게 간대요, "안개 때문에 늦게 가겠다"고 그 정도. "늦게 출발한다"고 그 얘기를 문자로 왔었어요. 학교에서 "4시 넘어서 출발한다"고 제가 들었기 때문에 내가 그랬거든요. "조심해서 잘 갔다 오라"고 그러고 "엄마, 나 잘 갔다 올게" 그러고 나서 "배가 안개가 많이 껴서 늦게 출발한다"고 아빠한테 문자를 보냈더라구요. 제가 그랬거든요, "아빠한테 출발하기 전에 전화나 문자나 꼭 하라"고, "'잘 다녀오겠습니다' 그렇게 하라"고 제가 시켰거든요. 그랬더니 "나중에 왔다"고 하더라구요 문자가, "잘 갔다 오라고 했다"고, "잘했다"고. 그리고 나서 제가 10시, 저는 그때 일 끝나고 운동을 하고 한 10시 좀 넘어서 전화를 했는데 전화를 안 받더라구요. 그래서 '얘가 친구들하고 배에서 너무 재밌나 보다', 저는 그렇게 생각을 했어요, '너무 재밌어서 전화 벨소리를 못 듣는가 보다'. 놀다 보면 노는 거에 취해서 전화하는 것도 잊어버리고 못 받을 수 있고 하니까 '그런가

보다' 그렇게 생각을 했어요. 그러고 나서 아침에 제가 너무 바쁘니까 전화를 못 했었어요, 세희도 안 했고.

근데 그날 ○○이가 아파서 제가 ○○이 담임선생님한테 이렇게 문자를 남겼어요, "○○이가 아파서, 지금 학교를 가는데 혹시 많이 아프면 연락을 달라"고. 선생님이 "알았다"고 문자가 오더라구요. 그래서 그날 10시가 안 되고 9시 반은, 반은 좀 넘은 것 같아, 일하다가. 세희 생각은 안 했어요. 혹시 문자 온 게 있을까, ○○이 선생님한테서 너무 아파서 그런 문자가 왔나, 안 왔나 확인을 하려고 보니까 그 속보가 인터넷 보니까 떠 있더라구요. 그래서 그 내용을 봤는데 어젯밤에 인천에서 출항한 제주도로 가는 수학여행 배라고 하더라구요. 그래서 놀라서 순간 쭉 읽는데 "단원고[라는 글자가] 보이는 거예요. 그래서 놀래가지고 '내가 잘못 봤나, 아니 설마 아니겠지', 다시 읽었는데 어젯밤에 인천에서 출항한 제주도로 가는 "수학여행 배"라고, 그런데 "거기에 단원고 애들이 타고 있다"고(울음). 그래서 부랴부랴 세희 아빠한테 전화해 가지고 얘기하고, 세희 아빠가 저희 회사에 와서 저를 데리고 학교를 갔어요(울음).

갔는데 너무 어수선하고, 교무실인가 거기 갔는데 생존자 아이들만 명단이 있는데 우리 아이 명단은 없었어요(울음). 그리고 강당에서 방송을 하는데 "전원 구조됐다"고, "그래도 아, 다행이다" 싶어서 집으로 와서 물에 빠졌을 거라 생각을 하고, 옷이 다 젖었을 거라 생각을 하고 속옷하고 옷하고 양말이랑 신발이랑 이런 거를 챙겨서 가려고, 집에서도 잠깐 뉴스를 봤는데 세월호 그 배가 뒤집어 있는 거만 보이고 "구조됐다"는 그 말만 나오고, 짐 싸서 진짜 옷 갈아입혀서 우리 세희 물에 빠졌을 거라 생각하고, 추울 거라 생각하고 옷만 챙겨서 얼른 데려올 생각으로 내려갔는데 없었어요.

진도에 내려갔는데, 안산 단원고 버스를 타는데 교문 앞에서 버스를 타려고 기다리는데 첫 번째 사망자가 나왔더라구요(한숨). 그때만 해도 '안됐다, 불쌍하다. 어떡하냐, 어떡할까' 그 생각만 하고 있었어요. '그 아이는 엄마는 어떨까, 그 부모 어떡하나' 그 생각만 하고 갔는데, 그것도 버스가 바로 출발한 게 아니라 한참 동안 기다렸다가 다 같이 내려가긴 했는데 버스 안에서도 어디서도 아무 소식을 들을 수가 없었어요. 내려가는 내내 그 시간이 얼마나 길었는지 마음은 급해 죽겠고 빨리 가서 우리 애는 봐야 되겠고(울음). 간간이 "혹시 너네 아이는 아니지? 미선아, 세희는 아니지?" 이런 말을 들었을 때 "언니, 맞아". (눈물을 훔치며) "TV에 세월호에 세희는 아니지?" 그랬을 때 "언니, 맞아", 부정하고 싶었는데 (눈물을 훔치며) 부정할 수가 없었어요(울음).

진도에 밤에 도착했을 때 생존자 아이들 명단이 있는데 그 안에는 (눈물을 훔치며) 그 명단에 우리 아이 이름이 없어서 수십 번은 봤어요(울음). '잘못된 건 아닌가. 우리 아이 이름을 빠뜨린 건 아닌가', 근데 아니더라구요(울음). 진도체육관이 그때 부모님들 와서 자리 잡고 금방 갈 줄 알았어요. 그때만 해도 갈 줄 알았어요. 근데 부모님들이 팽목항에 있고 저희도 진도체육관에 있고 그러는데, TV에서는 "구조 작업을 한다"고 한다는데 팽목항에 있는 부모님들한테 전화 오는 거는 "아니다, 구조 작업 안 하고 있다, 구조 작업을 못 하게 해경에서 막는단다" 그런 얘기밖에 안 들렸어요.

그 첫째 날인가는 그랬어요, "왜 우리 아이들 구해주지 않냐"고, "파도 어쩌고저쩌고 그래도 왜 구해주지 않냐"고. 근데 "위에서 지시 사항이 내려와서 못 구해준다"고 그랬어요. "'구조 작업 하지 말라'고 그런 내용이 내려왔다"고, "구조 작업 하지 말라"고 마이크에다 대고 그런 얘기를 얘기했어요. 정부 관계잔가 누군가가 전화 통화 하는 거를 부모님이 들었는데, (눈물을 훔치며) 들었는데 그 내용을 얘기해 주더라구요, "우리 아이 구조 작업 하지 말라고 그랬다"고. (눈물을 훔치며) 그리고 해경에서 생존 아이들한테 그랬다고 하더라구요. "너희 친구들 영영 못 본다"고 구조된 아이들한테 그 얘기를 했다 는 거예요, 나중에 들어보니까. 그니까 사고 나서 나중에 한번 그 아이들을 보긴 봤는데 "구조되면서도 [해경에서] 욕하고 그랬다"는 말을 좀 하더라구요(울음). 애들 보트 저기를 하면서 욕을 했다고, 그 얘기가….

7
세희와의 만남

세희 엄마　　(눈물을 닦으며) 그때도, 진도체육관에 있을 때도 날짜 가 어떻게 지나갔는지 모르겠어요. 그날이 몇 날인지도 기억나지는 않는데 (눈물을 훔치며) 카톡에 "엄마, 살려달라"고 그런다고 "여기 몇 명이 있고 옆에는 몇 명이 있다"고 그런 문자가 카톡이랑이 왔는 데 TV에서는 "어린아이가, 초등학생이 장난친 거라고 오보"라고 그 랬는데, 그거를 위치 추적을 했는데 (눈물을 훔치며) 아이들이 있던 그 장소로 그게 찍히더래요. 그니까 그게 우리 진짜 아이들이 애타게 찾은 건데 "살려달라"고 "여기 몇 명 있고, 옆에는 몇 명 있어" 이런 문자를 했었는데 언론에서는 그게 "오보"라고(울음).

옆에 있는 부모님들은 정신을 못 차려서 쓰러져서 링거 맞고 있고, 저 같은 경우에는 들어가지가 않더라구요. 뭘 먹지를 않으니까 언니들이 와서 억지로 죽이랑 먹을 거를 챙겨서 주는데 먹으면 바로 화장실을 가고, 먹으면 화장실을 가고(울음). 우리 부모님들이 진도대교 넘어가려고 할 때도 전쟁터(한숨). 거기서 무슨 얘기가 있었냐면 우리 부모님들이 "우리나라 구호 물품은 선진국이고 구조는 후진국"이라고, "우리 애들 좀 빨리 구해달라"고, "우리 애들 빨리 좀 구해달라"고 (눈물을 훔치며) 전쟁터고 아수라장이었고(울음). 진짜 그 모니터 앞에서 나오는 언론하고, 뉴스 보도하고 우리 진도체육관에 있는 부모님들이 [보는] 내용들이 (한숨을 내쉬며) 맞지 않는다는 거를 보고 우리를 고립시키는 거라는 느낌도 들고(한숨). "저거는 오보"라고, "저거 잘못된 거"라고 이렇게 얘기하고 (울먹이며) 우리 부모님들이 "제발 기사 좀 똑바로만 써달라"고, "있는 그대로만 보내달라"고, "포장하지 말라"고 그랬는데 TV에 나오는 거는(울음).

(한숨을 내쉬며) 우리 세희가 열흘 만에 나왔는데 그 열흘이 열흘이 아니었어요, 피 말리는 열흘. '혹시 우리 아이는 나올까. 얼마나 그 안에서 나를 찾았을까'. 내가 사실은 불교랑 이런 거를 믿지는 않는데, 우리 큰언니가 불교를 믿어서 모르겠어. 스님한테 "기도해 달라"고 "살아 있을 수 있게 기도해 달라"고 그랬는데, 나중에 들은 얘긴데 스님이 그랬대요. 첫날은 "아직 살아 있는 기가 있으니까, 그

기운이 느껴진다. 포기하지 마라". 이튿날 됐을 때도 "아직 그 기운이 있다, 괜찮다". 근데 3일 날 되는 날 "기운이 좀 떨어진다", 그다음에는 "기도해 줘라. 좋은 곳에 갈 수 있도록 기도해 줘라" 그랬대요(울음). 내가 그걸 믿지는 않지만 그 아이들이 그 안에서 (오열하며) 얼마나 무섭고 얼마나 우리 아이들이 우리 부모님을 찾았을까, 살려고 얼마나 발버둥을 쳤을까, 그 시간 동안.

우리 아이들 일부러 수영도 가르쳤는데…, "자기 몸은 자기가 지킬 줄 알아야 된다"고 수영도 가르쳤는데(울음). 얼마나 벌벌 떨었을까. (오열하며) 구조되길 기다리면서 살려고 얼마나 발버둥 치고 얼마나 그 안이 무서웠을까, 얼마나 힘들었을까. 내 상상으로는 못 하지만 얼마나, 얼마나 고통스러웠을까(오열). 우리 부모님들 옆에서 쓰러져서 일어나지도 못하고 거동도 못 하고 먹으면 소화를 못 시켜서 다 토하고…. 그랬는데 아무도 구조를 안 했어요, 아무도. 우리 아이들이 한 명씩, 두 명씩 나올 때 그러더라구요, "구조돼서 나왔다"고. 그런데 얘기 들어보면 내가 그 자리에 있지는 않았지만, 얘기 들어보면 구조를 한 게 아니라 파도에 떠밀려서 오는 아이들을 해경에서 건졌대요. 구조가 아니라 건진 거고, 그냥 떠 있는 아이들 건진 거고(한숨).

그리고 어떤 아이들은 우리 부모님이 국과수에 의뢰를 해서 언제 죽었는지 검사를 했는데, "죽은 지 몇 시간밖에 안 됐다"고. 국과수에서 그 검증이 나왔대요. 그 안에 살아 있었는데 올라오면서 죽은 거예요. 그 아이가 올라왔을 때 게거품이랑 이런 걸 물고 있었대요. 아이들이 처음에 올라올 때 "구명조끼를 입은 아이도 있고 안 입은 아이도 있고 웅크려서 있는 아이들도 있고, 처음에 그거를 적나라하게 보여줬다"고 하더라구요. 근데 나중에 부모들이 항의를 하니까 "어떤 자식은 입고 어떤 자식은 구명조끼를 안 입었다"고 그러니까 "나중에는 다 벗기고 머리부터 발끝가지 다 피고 단정하게 반듯하게 해가지고 왔다"고 하더라구요(한숨). (눈물을 훔치며) 우리 세희가 169번째로 나왔는데 그 전날에, 나오는 날 아침에, 25일 날 아침에 나비가 한 마리가 저희 자리를 맴돌았어요, 저희 자리를 맴돌다가 갔어요. 갔는데 이상하더라구요. 다른 자리는 나비가 없었대요. 이상하더라구요. 근데 그날 세희가 왔어요.

근데 그 게시판에 쪽지에 "169번, 키가 167, 앞에는 토끼 이빨 같이 앞니 두드러지고 옷은 회색 줄무늬" (한숨을 내쉬며) 그랬는데 그걸 보는데 그랬어요. "저 부모는 자식이 나왔는데도 못 알아본다"고, "얼마나 기다리고 있을까". 그러면서도 다른 번호에서는 안 멈춰주는데 그 번호에서는 자꾸 발길이 멈춰지는 거예요. "어떻게 자기 자식을 몰라볼까나" 그랬는데 팽목항에 가서도 "아후, 저 부모는 자식이 나와서 기다리네" 그랬는데 오후 3시가 돼서 방송에 나왔어요, (울먹이며) "169번 2학년 9반 임세희, 신원 확인됐다"고. 발길이 안 떨어지더라구. 169번이었어요(오열). 나는 (오열하며) 새끼를 못 알아봤어요, 새끼를 못 알아봤어(울음). 방송 나가고 (한숨을 내쉬며) 세희 아빠하고 조카애하고 가서 확인을 했는데 세희 아빠가 그러더라구요, "맞다"고, "맞다"고. 근데 언니들이 나는 못 보게 막았어요. 나가면 "또 쓰러진다"고 "또 쓰러지면 못 일어난다"고, 나는 못 가게 언니들이 못 가게 나를 잡았어요. 그래서 세희 아빠하고 조카애하고 갔다 왔는데 맞대요. 세희가 맞대요, "169번 세희가 맞다"고(울음).

올라오면서 너무 미안했어요, "내 자식만 찾아서 와서 진짜 미안하고 미안하다"고 "먼저 가서 죄송하다"고, 옆에 있는 부모님들은 "축하한다"고 "일찍 찾아가서 축하한다"고. (눈물을 훔치며) 아직도 현철이도 못 올라오고 양승진 선생님도 못 올라오고 그랬는데 "저희만 가서 너무 미안하다"고 [하니까] "걱정하지 말라"고 "우리도 곧 따라갈 거니까, 세희 먼저 잘 보내고 있으라"고 "우리 곧 따라갈 테니까 기다리고 있으라"고 그랬는데(한숨). 그리고 세희 아빠가 그러더라구요, "혹시 세희를 보면 놀라지 말라"고 "놀라지 말라"고. "알았다"고, "알았다"고 그랬는데, (한숨을 내쉬며) 우리 세희를 봤을 때는 염을 다 끝내고 얼굴만 남겼는데 눈하고 입을 가렸더라구요. 눈하고 입을 가렸는데 나중에 들어보니까 "눈하고 입이 많이 돌아가고 눈이 많이 이상하다"고, 눈도 많이 돌아가서 보여줄 수가 없었나 봐요.

그때 우리 세희가 나랑 닮았다는 거를, 우리 세희는 맨날 장난으로 "아우, 못생겼어. 못생긴 엄마 딸" 그랬는데, "못생긴 엄마한테서 못생긴 딸 나왔잖아" 그랬는데, 마지막으로 본 세희가, 누워 있는 그 모습을 보니까 누워 있는 모습이 저랑 너무 똑같았어요. 학교에 선생님들 면담 가고 선생님 뵈러 가면 선생님들이 항상 그랬거든요, "세희하고 똑같이 생겼다"고. 내가 먼저 다가가지 않아도 선생님이 먼저 다가와서 "세희 어머님 오셨냐"고, 처음 뵙는데도 그랬어요. '내가 진짜 닮았구나' 그 생각을 많이 했어요. 근데 그날 누워 있는 모습이 나를 보는 것 같았어요, 나랑 똑같았어요. 그때 이마에 뽀뽀를 하고 볼에 뽀뽀를 하고 자꾸 머리도 만지고 그러는데, 따뜻한 기운을 주는데 따뜻한 기운이 하나도 없었어요. 자꾸자꾸 내 따뜻한 기운을 주는데 따뜻한 기운을 못 느꼈어요. 머리부터 발끝까지 다 만지는데 (눈물을 훔치며) 따뜻한 기운은 [없고], 차가운 기운만 느껴졌어요(한숨).

그리고 우리 아이한테서 이상한 냄새가 났어요, 이상한 냄새들. 그게 그 안에서 부패하는 냄새들, 아무리 닦아도 없어지지 않는 그 냄새들, 그 냄새들이 나더라구요. 근데 나는 세희한테 그랬어요. "고맙다, 세희야. 엄마 애 많이 안 태워주고, 엄마가 네 얼굴 알아볼 수 있을 때 나와줘서 너무너무 고맙다. 고맙다, 세희야. 엄마가 너를 알아봐 줄 수 있을 때 나와줘서 너무너무 고맙다. 미안하다, 엄마가 너를 못 알아봐서, 너를 못 알아봐서 미안하다. 정말 정말 미안하다". (눈물을 훔치며) 감사하지요, 그래서 그랬어요. "역시 우리 세희는 착한 효녀"라구, "엄마 속 한번 안 썩이더니 죽을 때도 엄마 속 안 썩이고 일찍 나와주고 알아볼 수 있을 때 나와줘서 고맙다"고, "역시 우리 세희는 착한 효녀"라구(울음). (한숨을 내쉬며) 저희 부모님들 중에는 자식을 못 본 부모들이 많이 있어요. 참 그런 것도 감사하고 고마워해야 되는 게 그래요(울음).

(한숨을 내쉬며) 우리 세희가 장례 치를 때, 세희 올라오고 나서 5분 뒤에 옆에 친구가 한 명 왔었어요. 근데 그 아이가 9반이라고 하더라구요. 경황이 없어서 가지는 못하고 3일 되는 날, 우리 세희는 3일장을 치렀고, 거기는 옆에는 "맨 마지막 날 3일 되는 날이라 자기네들은 하루 더 치른다"고 그래서 4일장을 치렀는데, 그때 그 옆에 있는 아이 이름이 보미인지를 알았어요. 그래서 마지막 인사를 했

죠, 같은 반 아이니까. "너도 세희랑 좋은 곳에 가서 있으라"고 그 아이를 보고 왔지요. 보고 학교에 왔는데 세희 자리를 갔는데 세희 짝꿍이 보미였더라구요. 그래서 내가 보미한테 부탁을 했어요. "보미야, 너하고 세희는 영원한 짝꿍이다. 같이 손 잘 잡고 꼭 같이 다니고, 좋은 곳에 같이 잘 가고, 너네는 영원한 짝꿍이다"(울음) (한숨을 내쉬며) 그랬어요. 나중에 보미 엄마한테 가서 그 얘기를 해주니까 보미 엄마도 깜짝 놀라더라구요, 자기도 "몰랐다"고.

내가 그랬어요. "세희하고 보미는 둘이 손 꼭 잡고 같이 가라고 그랬으니까 갔을 거"라고, "영원한 짝꿍"이라고 그랬더니 "그렇다"고 그러더라구요(흐느낌). (한숨을 내쉬며) "세희야, 엄마 너랑 친한, 친했던 애들이랑 저번에 광덕산 갔다 왔어. 몇 달 전부터 계획했던 건데, 엄마 너도 보고 있었지? 그날은 날씨도 너무 좋았고 커피도 먹었는데…. 그리고 너네 친구들은 원하는 대학은 아니어도 자기들이 원하는 과는 다 갔어, 알고 있지? 그래서 엄마랑 밥도 같이 먹었었는데(울음). 보고 싶다, 우리 세희. 만지고 싶네". (흐느끼며) 우리 세희는 엉덩이가 탐날 정도로 탱탱했어요. 얼마나 이뻤는지 몰라요. 내가 마사지하는 거 좋아하고 아침마다 고구마 세 개씩 삶아주고 보온병에 옥수수 물 끓여서 항상 넣어줬는데 이제는 안 하고 있어요(울음). (한숨을 내쉬며) 아침마다 일어나면 하는 일이 밥하고 고구마 삶고, 밥은 안 먹어도 그거는 해서 줬는데(한숨).

그리고 2014년 마지막 날은 우리 아이가 너무 보고 싶어서 미친년처럼 안산시를 다 돌았어요(울음). 밤 12시가 넘어서까지 안산 시내를 미친년처럼 다 돌았어요(울음). 보고 싶어서, 걱정할까 봐 엄마한테도 전화도 못 하고, 언니한테도 못 하고 그럴 때는 그냥…. (한숨을 내쉬며) 일하고 집에 갈 때는 어느 곳에선가 울고, 가족이 걱정할까 봐 한참을 울다가 아닌 척. 세희하고 오늘은 엄마가 뭐를 했는지, 오늘 세희는 무엇을 했는지 물어보고…. (울먹이며) 우리 세희가 대게를 되게 좋아하는데 (웃음) 1년이면 몇 번씩 먹었는데 너무 좋아해서. "아빠가 대게 시켰다"고 "얼른 오라"고 그러면 "알았다"고 좋아가지고 카톡에다 "오 예". 우리 세희는 내가 가끔씩 해주는 잔치국수도 진짜 잘 먹었는데, 그 많은 양을 다 먹었는데 "맛있다"고(한숨).

8
세희와의 추억

면담자   요즘에도 세희하고 같이 얘기하세요?

세희 엄마   해요, 항상 옆에 있다고 생각하니까. 그전에는 그랬거든요(한숨). "날씨가 너무 좋은데 공부하기 싫지?" 이렇게 문자를 보내면 "응, 그렇다"고 그러고. "그래도 우리 세희 의자랑 엉덩이하고 너무 친한 거 아니야? 하루 종일 앉아 있어야 되니까" 그러면 웃어요, "킥킥" 하고 보내줘요. 그때는, 세희 고등학교 1학년 때는 핸드폰을 가지고 있었어요, 학교에다 내지는 않고. 그래서 제가 쉬는 시간에나 이럴 때 한 번씩 문자를 보내면 답장이 와요. 고등학교 1학년 때도 "벚꽃이 많이 펴서 너무 좋다. 소풍 가고 싶다" 그러니까 "공부하기 싫다"고, 너무 날씨가 좋고 화창하고 그러니까. "그래도 조금만 더 힘내자. 힘내고 파이팅 하자" 그러면 "파이팅" 하고, "사랑한다"고 그러면 자기도 "사랑한다"고 문자 보내주고. 우리 세희가 "학교 물을 먹기 싫다"고 그래서, "뚱뚱하다"고 "다이어트 해야 된다"고 그래서, 진짜 아침마다 고구마 세 개, 보리차, 아니 보리차가 아니라 옥수수[차] 그거 아침마다 따뜻하게 해가지고, 더 삶아줘도 싫고[싫어하고] 딱 세 개, (눈물을 훔치며) "다이어트한다"고 "저녁에 먹는다"고.

집에 와서 스쿼트[스쾃]도 보통 100개씩 하고 그러면 "나랑 같이 하자"고, "엄마, 엉덩이도 업되고 다리도 튼튼해지고", 맨날 "같이하자"고 그러면 "나는 됐어. 너 열심히 해" 그러면, 한 번씩 엉덩이를 만져보면 진짜 튕겨져 나갈 만큼 탱탱했어요. 내가 중학교 때 우리 세희 요가를 시켰거든요. "고등학교 때 가면 체력전이라더라. 가면 공부하기 힘드니까 체력전이라더라", 그때 "운동 좀 해야 된다"고 그래서 중학교 2학년 때랑 3학년 때랑 제가 운동을 별로 좋아하지는 않는데 일부러 시켰어요, 체력전이라. 근데 되게 뻣뻣해요. 가르쳐준 선생님들이, 강사 선생들이 "엄마보다 더 뻣뻣하다"고 그랬어요. 그니까 언젠가는 "엄마 따로 온다"고 피해서 오더라고. 같이 했어요, 처음에는 시간 맞춰서. 그때는 나중에는 따로 하더라구요. 비교돼서 그랬나 봐요. 그 옆에 있으면 제가 보니까 신경이 쓰이더라구요, 잘하고 있는지 안 하고 있는지. 혼자 할 때는 나만 보면 되는데 옆에서 하다 보니까 그게 보이더라구요, 자꾸 그런.

집에 가서 막 얘기를 하면 우리 신랑은 웃어 죽어요. 요가 하는 거 제가 대신 시범 보이면 웃어 죽었어요. 세희는 중학, 고등학교 때도 체육대회 한다고 지 방에서, 세희 방에서 연습을 했었어요. 근데 어설펐어요, 어설펐어요. 자기는 "열심히 한다"고 지금 하는데 자연스럽지가 않아. (웃음) 그 연습하는 거 앞에서 잠깐 우리 보여주기도 하고 그리고 그랬어요.

9
진도로 내려가는 과정

면담자　　　진도로 가시는 동안에 책임자나 안내자가 없었나요?

세희 엄마　　없었어요, 오로지 부모님들만 타고 내려갔었어요. 버스에서도 누가 안내해 주고 이러지를 않았어요. (면담자 : TV는 계속 보셨어요?) TV도 못 봤어요. 그냥 인터넷에 올라오는 거 그런 거로만 봤어요. (면담자 : 그럼 가시는 동안 해가 지고) 네, 졌죠. 그리고 밤에 6시, 7시 넘어서 도착했나, 아마 그랬을 거예요.

면담자　　　체육관으로 가신 거죠?

세희 엄마　　네, 도착을 해서 저희는 사고 난 지점이 어딘지 모르니까 버스가 진도체육관에 내려줬어요. (면담자 : 다 내리셨어요?) 그죠, 다 내렸죠. 근데 개인적으로 온 부모님들 같은 경우에는 이 소식을 접하고 자기 차로 벌써 내려가서 팽목항에 있던 부모님도 계세요. 근데 그때 우리한테 들어오는 소식하고 팽목항에 처음부터 있던 부모님들하고 얘기를 들어보면 내용이 달랐던 거죠.

면담자　　　어머니, 아버님은 체육관에만 계셨던 거죠?

세희 엄마　　　처음에는 진도체육관에다가 다 들어가라고 하니까 아무 자리나 자리를 잡았어요. 자리를 잡았는데 그러고 나서 세희 아빠 같은 경우에는 팽목항에도 갔다 오고 그랬는데 저는 체육관에만 있었어요. (면담자 : 언니가 그때 계셨나요?) 네, 언니[가] 그다음 날 바로 왔었어요. 언니가 셋이 있는데 세 명이 다 내려와서 있었어요. 우리 세희 올라왔을 때 같이 안산으로 올라왔어요.

10
구조를 안 한다는 소식을 들음

면담자　　　팽목 소식은 누구를 통해서 왔는지 잘 모르셨죠?

세희 엄마　　　"사고 지점에서 제일 가까운 항이 팽목항이더라" 그 얘기를 해줬고, 처음부터 팽목항이라고는, 첫날부터는 몰랐어요. 그다음 날 팽목항이라는 걸 알았고, 16일 날 그 얘기를 듣고 내려간 부모님들은 오후 바로 내려갔으니까. 내려왔을 때는 아무것도 되어 있지 않은 상태였으니까, 먼저 왔으니까. 근데 들어보면 "팽목항에 차도 다닐 수 없게, 그 방송국 차량이며 뭐며 이런 게 더 많이 빼곡했다"고 하더라구요. "구급차도 들어가지 못할 정도로 자리가 엄청 빼곡했다"고 하더라구요.

면담자　　　"구조하지 말라"고 한 걸 들으셨다고 했죠?

세희 엄마　　　그게 날짜는 정확히 모르겠어요, 기억이 안 나요. 근데 (한숨을 내쉬며) 박근혜 대통령이 17일 날, 그니까 그 전날, 오기 전에 얘기를 들었으니까 '아마 16일 날 밤이나 되지 않았을까' 싶은 생각이 드는데 그 전에 관계자인지는 모르겠어요. 근데 "위에서 그 내용을 들었다"는 거예요. 그때 제가 기억으로는 "그게 무슨 내용이냐" 이렇게 멱살잡이를 했었는가, 그랬던 것 같아요. "근데 왜 구조 작업을 안 하느냐" 그니까 "위에서 구조 작업을 하지 말라는 지시가 내려왔다고 하더라" 그거를 부모님이 방송에다가, 그 사람이 직접 한 게 아니라, 들었던 그 부모님이 방송 마이크에다 대고 "구조 작업을 하지 말라고 지시가 내려와서 안 하고 있다" 그 얘기를 방송으로 했어요. 그때는 우왕좌왕하니까 '진짤까' 저기를 했는데 그때 팽목항에서 사고 지점 가까이 갔을 때는 파도 같은 것도, 갔다 오신 부모님들이 그러더라구요, "너무 잔잔했다"고. 구조 작업을 파도가 어쩌고저쩌고 해서 못 한다고 했는데 "너무 잔잔했다"고, 그 말을 하더라구요.

그러고 민간인들이 가서 그 주위에 있던 어선들이 구조 작업을 하려고 하는데 "해경에서 다 막는다, 해경에서 다 막는다" 그런 얘기를 들었어요. (면담자: 팽목항 다녀오신 부모님들이 그런 얘기를) 그리고 이제 이렇게 아는 부모들이 계시니까 저나 진도에 체육관에 있던 부모님하고 팽목항에 있는 부모님하고 전화 통화를 해보면 그 내용이 사실과 달리 틀리잖아요. 그니까 그런 내용들을, "팽목항은 현실은 이렇다" 그 내용들을, 전화 이런 거로 다 해주는 거예요. 그니까 전화 통화를 해서 그 얘기를 마이크에다 대고 해주는 그 부모님들이 있었어요. 그래서 그걸 들었어요.

11
체육관에서 다른 부모님들과의 만남

면담자   그때까지는 대표를 뽑거나 그런 거는 없었어요?

세희 엄마   응, 응. 그런 게 없었어요. 그럴 저기도 없었어요. 어떤 부모가 부모인지도 모르잖아요. 그때 부모보다 뭐라고 그래야 하나? "나와 있는 사람들, 감시하는 사람들이 더 많았다"고 하더라구요. 진짜 부모님들 체육관에 발 디딜 틈이 없었어요. 그리고 그 위에 체육관에 너무 사람이 많아서 그 관중석에서도 (한숨을 내쉬며) 거기 있을 정도였으니까, 밑에랑은 아주 빼곡하게.

면담자   확인할 수 없었겠네요.

세희 엄마   그럴 수가 없었어요. 그래서 그때 명찰을 만들었던 게, 진짜 부모님인지 아닌지 모르잖아요. 알아보기 위해서 그것도 작성을 했어요. 이렇게 목에다 걸고 다니고, 딱 두 개씩만, 아빠, 엄마 두 개씩 하고…. 그래서 안건이나 회의 같은 거 있으면 관중석 한쪽에 가서 "상황이 이렇다", 이런 내용들 얘기하고 그랬어요.

면담자   그걸로 표시를 하신 거네요.

세희 엄마   네, 그랬어요. 어떤 부모님이 어딨는지, 누군지는 모르고, 처음 보는 저기잖아요. 그니까 그랬어요.

면담자   원래 알고 지내던 부모님이 계시거나 이런 거는 아니었죠?

세희 엄마   그렇지는 않았어요. 공교롭게도 제가 있었던 게 현철이, 현철이네하고.

면담자   자리가 이렇게 있었어요?

세희 엄마   예. 그리고 양 선생님, 양승진 선생님, 현철이, 저희, 그다음에 미지, 수진이, 그리고 저기 누구지 왜 이렇게 이름이 생각 안 나, 그 주위에 이렇게 딱 있었어요.

면담자   가까운 자리에 계신 분들하고 이야기를 주로 하신 거네요.

세희 엄마   그쵸, 조금씩. 처음에는 관심도 없다가 하루, 이틀 지나고 그러니까 "난 누구, 몇 반 누구 엄마예요, 누구 몇 반이에요. 몇 반이세요?" 이렇게 물어보다가 그렇게 된 거예요, 나중에. 처음부터 그러지는 않았어요. (면담자 : 처음에는 다들 정신이 없으셨죠?) 첫날 벌써 링거 꽂고 계신 분도 있었고, 현철이 아버님이 그랬어요, 첫날부터 링거 꽂고 계시고. 저도 누워서 링거 맞고, 먹으면 바로 설사하니까 계속 가고.

12
풍부한 구호 물품, 구조하는 듯 방송이 나가는 모습

면담자   구호품은 거의 최고였다고 그러셨죠?

세희 엄마   넘쳐났어요(한숨), 근데 구조는 꼴찌고.

면담자　　　바닥에는 담요가 다 나왔던 거예요?

세희 엄마　　처음에는 그렇지는 않았어요. 맨 처음에는 은박지 그 거 있죠? 은박지로 된 거 스티로폼 깔려 있었다가 그다음엔가 우리 여행 가고 그러면 두껍게 까는 거 있죠? 그걸로 바꾸고. 바로 처음에는 담요 그랬다가 그다음 날에는 이불로 쫙 바뀌고. (면담자 : 옷이나 이런 것들도?) 계속 오고. 그러니까 옆에 있던 부모님들이랑 저도 느꼈지만 구호품은 아주 진짜 선진국이고, 없는 게 없이 다 왔으니까. 생활하는 데 불편하지는 않았으니까, 옷이며 신발이며 치약, 칫솔이며 먹는 거며, 시민 단체나 자원봉사자분들도 오신 분들도 계시지만 정부에서도 그런 데서 그런 게 있었으니까. 그 반면에 "우리 [아이들] 구해달라"고 그랬을 때는 TV에서는 헬기가 몇 대고 배가 몇 척이 들어오고, 진짜 이게 저희 체육관하고 세상하고 단절된 느낌받았어요. 팽목항에서도 실시간으로 한 번씩 계속 전화가 오고 내용들이 왔었으니까.

근데 막 와가지고 해경청장이며 누가 와서 브리핑하고 이런 거는 새빨간 거짓말이고, TV에서 방송되는 거는 진짜 열심히 구조하고 있는 모습. 그니까 잠수부들이 들어가서 잠수하는 것처럼, TV에서는 그게 구조하는 것처럼 보이는데, 거기에서 직접 봤던 부모님들은 "잠수부들이 잠깐 들어갔다가 다시 나오고, 다시 나오고, 다른 방향으로 가서 다시 들어갔다 다시 나오고, 또 다른 방향으로 가서 다시 나왔다가, 다시 들어갔다가 다시 나오고". 그걸 보인 거예요. TV에서는 들어가는 걸 보여주고 잠수해서 지금 하고 있는 그런 모습처럼 보여지는 거예요. 옆에서 지켜봤던 그 부모님들은 그런 내용들을 저

97

희한테 전화로 얘기를 해줬어요. 그다음 날인가에 대형 모니터가 두 대가 양쪽에 있었어요. 한쪽은 팽목항을 비춰주는 거고 한쪽은 우리 뉴스, 방송, TV를 볼 수 있는 거. 한쪽은 잠수하는 거나 팽목항 그쪽 그거를[상황을] 실시간으로 볼 수 있게. 그것도 저희가 요청을 해서, 제 기억에는 저희가 요청을 해서 그거를 설치한 걸로 알고 있어요.

13
대통령의 진도체육관 방문

면담자　　　17일에 박근혜 대통령이 진도체육관 방문을 했었죠? 대통령 방문은 기억나세요?

세희 엄마　　　그것도 쇼로밖에 안 보여요. (면담자 : 그때도 그런 생각을 하셨어요?) 그때는 그 생각을 안 했어요, 구해줄 거라는 생각을 했어요. 국무총리는 와가지고 진짜 저희한테 물벼락을 맞았죠, 저희가 던져버렸으니까 물병을. "왜 구조 작업 안 하고 있냐"고, "빨리 구해달라"고, "우리 애들 저 배 안에 있다"고, "빨리 구조 작업 하라고 지시하라"고. "최선을 다하겠습니다", 진짜 그 말밖에 하고 가지 않았죠. 근데 TV에서는 유가족이 분하고 흥분하고 그래서 국무총리한테 던진 모습만 보였잖아요. 왜 부모님들이 [그렇게] 했는지 그런 거는 하나도 보이지 않고 "유가족들이 분노해서 총리한테 물병을 던졌다" 이런 것밖에는 나오지 않았어요. 그것도 진짜 국무총리란 그 사람이 옆에 딸린, 위협을 느꼈으니까 엄청 많은 사람을 대동하고 왔겠죠.

(한숨) 그래서 제대로 올라가지를 못했어요. 진짜 올라가는 도중에 "최선을 다하겠습니다. 최선을 다하겠습니다" 이 말밖에 하고 가지를 않았어요(헛웃음). 그 사람도 총리라고….

너무 웃긴 게 대통령은 "그럴 리가 없다"고…. 저희는 그 모습을 미리 봤잖아요. "구조 작업 안 하고 있다"고, 근데 "그럴 리가 없다"는 그 말을 듣고 너무 어이가 없고 황당하고 지금도 제가 단상에 올라가서 옷 휘어잡은[휘어잡지 못한] 게 한이에요. '그때라도 잡고 있었으면 우리 새끼들이라도 어거지[억지]로라도 구조 작업 하라고 지시를 내리지 않았을까'라는 생각….

14
진도대교 행진 상황

면담자　　　그때는 뭔가 달라지고 구조가 될 거라는 생각도 하셨었죠?

세희 엄마　　했죠, 왔으니까. 그때도 우린 그래요. 아니, 이런 저기가[이야기가] 있는데, "대통령은 내려와 볼 저기도[생각도] 안 한다"는 그런 [말을 하는] 부모님들도 있었어요, 저는 그런 생각을 못 하고 있었는데. 아니, 대통령이 내려오기 전에…. 아, 내가 무슨 말을 하려고…. 내려오고 나서 어떤 조치가 진짜 취해질 줄 알았어요. 근데 똑같았어요. 진짜 구호 물품만 쏟아졌어(한숨). 그리고 저희들이, 부모님들이 "안 되겠다. 우리가 청와대로 가자" 그랬을 때도 미리 다 알고 있었고 못 가게 의경이며 아주 진을 치고 있었어요. 저희는 가다가 못 갔는데 아이러니한 게 우리 가는 그 길에 해경인가 뭔가 어디서 자기네들 인터뷰를 하는 거예요(한숨). 그래서 물어봤어요. "어디에서 왔냐?" 근데 경기도 화성에서 왔대. 모든 저기를 다 배치를 한 거예요. "화성에서 왔다"고 그러더래요.

면담자　　　어머니도 진도대교 나가셨어요?

세희 엄마　　나갔죠, 우리 부모님들 다 나갔죠. 가서 "가자"고 그 밤에, 갔다가 막혀갖고 어쩔 수 없이 다시는 돌아오기는 했죠.

면담자　　　무슨 생각하셨어요?

세희 엄마　　아니, 진짜 갈 생각했어요. [청와대까지] 갈 생각했어요. 나중에 알고 보니까 '참 철저하게 우리가 고립돼 있구나. 못 나가는구나' 그 생각이 들더라구. 그니까 우리 그 안에서 하는 거랑 TV에서 방송되는 내용들을 보면 볼수록 '우리가 진짜 고립되어 있다'. 어떤 부모님들은 여기가 진도가 원래 섬이긴 하지만, "진짜 진도 외딴섬? 아무도 저기 하지 않는 외딴섬 같다"라는 그런 표현도 하신 부모님이 계셔요.

15
왜곡된 언론 보도

면담자　　　언론에서 제대로 보도를 안 하니까 기자들하고 충돌이 많았을 수밖에 없겠네요?

세희 엄마　　많았어요, 많았어요. 저희가 그랬어요, "더하지도 말
고 덜하지도 말고 있는 그대로 내보낼 방송국이면 방송해도 된다"
고. "그러지 않을 거면 다 나가라"고 그랬었어요. 거의 다 나갔어요.
그리고 한번은 모든 방송국 카메라, 기자 이런 분들 다 보냈어요,
"다 나가라"고.

면담자　　그 전에는 체육관에 들어와 있었나요?

세희 엄마　　응, 응. 그랬어요, 촬영하고 그랬으니까. 밖에도 있었
지만 안에도 다 들어와서 촬영하고 그랬지만 나중에는 "나가라"고
그랬어요. "다, 한 명도 빠지지 말고 다 나가라"고 그래서 다 나갔었
는데 한 방송국 카메라만 안 나갔었어요. 말을 안 들은 거죠, 우리
유가족 말을. "한 명도 빠짐없이 다 나가라"고, "기자들이랑 카메라
랑 다 빼라"고 그랬는데 안 뺀 거예요. 이렇게 "나가라"고 계속 지시
를, "나가라"고 했는데 안 나가는 거예요. 어느 아버님이 울분을 해
가지고 이렇게 [카메라를] 다 던졌는데 보도가 된 게 "유가족이 카메
라 감독, 기자 폭행했다" 이런 식으로, "폭행"인가 나왔어요. 왜 부모
님들이 그랬는지, 왜 그랬는지에 대해서는 얘기는 안 하고, "[폭행]했
다"고, "카메라 부쉈다", 폭도[라는] 식으로 몰았죠. 진짜 제대로 정확
하게 알려준 저기는 없어요, 진짜.

면담자　　부모님들은 원래부터 인터뷰를 꺼리셨나요?

세희 엄마　　제가 봤을 때는 부모님들이 인터뷰하려고 이런 거를

꺼려했었던 거 같아, 별로 안 하려고. (면담자 : 어머님한테도 혹시 제
안은 없었어요?) 아, 저는 [고개를] 돌렸어요 이렇게, "안 한다"고. 그래
도 물어보는, 자꾸 와서 인터뷰를 요청을 하는 사람[한테는] 만약에
언론에서 제대로 보도를 하고, 진짜 바른 보도를 했다고 그러면 아
마도 수긍했을 거예요. "인터뷰를 하자"고 했을 때 수긍을 했을 거예
요. 그런 것도 불신이죠, 안 하고 싶은 마음도 있었겠고. '이거를 하
면 어떻게 포장을 해서 나갈까', 대통령이 진도에 왔을 때 TV에 나왔
는데 우리 부모님들 다 같이 하시는 말씀이 "포장을 너무 잘했다. 포
장 기가 막히게 했다", 부모님들 하시는 말씀이 그거였어요. "아, 포
장 잘했다", 아주 좋게 나왔어요, 아주 막. 우리 부모님들은 지금 대
통령을 보고 "빨리 구해줘라. 왜 안 구하냐" 그래서 물병 던지고 욕
하고 소리 지르고 막 난리가 아니었는데 TV에서는 그게 아니었어
요, 너무 잘했어요. "아, 포장 잘했다", 부모님들이 그랬어요. TV에
나왔을 때 그게 너무 웃긴 게 "박근혜 대통령이 그 배 타고 와서 배
에서 봤을 때 무어라고 한마디라도 했냐, 물어봤냐?" 해수부 장관한
테 그랬더니 "한마디를 안 했다"는 거예요, 와가지고.

면담자　　　실제 구조 상황에 대해서?

세희 엄마　　응, "한마디도 물어보질 않았다". 저게 무슨 대통령이
야. 그 속된 말로 저희 있잖아요, 바지 대통령이라고 했어요, 바지
대통령이라고. 속된 말로 그런 표현도 많이 했어요, 우리 부모님들
이 바지 대통령이라고.

16
세희가 돌아오던 날

면담자　팽목에는 왜 안 가보셨나요? 몸이 많이 안 좋으셨던 거예요?

세희 엄마　계속 누워 있었어요, 누워 있었어요. 그니까 세희 나온 그날은 이상하게 아침에 그 나비가 다른 사람, 새벽이었거든요. 새벽에 눈을 떴는데 나비가 저희 자는, 언니들 자는 자리를 맴돌고 가더라구요. 내가 "언니야, 봤어? 나비가 한 마리가 왔다" [했더니] 봤대, 언니도 "봤다"고 그러는 거예요. 큰언니가 그러더라구요. "미선아, 좋은 소식이 올 것 같다, 좋은 소식이 올 것 같다", 딱 그러더라구요. 그래서 "세희 나왔으면 좋겠다" 그랬거든요. 그날 아침에 이상하게 기분이 막 돌아다니고 싶은 기분이고 그랬어요. 그래서 막 왔다 갔다도 하고 그날은 깨끗이도 씻었던 것 같아. 그래서 막 왔다 갔다 하는데 올라오는 명단이, 인상착의 이런 것도 우리 부모님들이 건의를 해서, 거기다가 인상착의 같은 거, 키, 특징 같은 거를 적어놓은 거거든요. 그래도 이상하게 씻고 돌아다니고 그러는데 169번이 딱 눈에 띄는데 "어, 아이를", 저 그랬어요, "쟤는 나왔는데 왜 아이가 부모를 기다리게 만드냐"고 막 그랬거든요.

면담자　그때 세희가 아니라고 생각하신 이유가 있나요?

세희 엄마　어떤 거요? 인상착의? 세희가 입었던 옷이 그런 옷도 없었고, 키도 작게 나왔어요. 키도 적게 나오고 그리고 세희 아빠가

103

2회차

인상착의를 두 번인가, 세희랑 비슷한 저기[아이]가 나왔었는데 확인을 했었는데 아니었어요. 그래서 그날은 이상하게 그 번호만 보이는데 자꾸 저게 계속 걸리는 거예요, 저 번호가. "왜 저 부모는 자식이 기다리게 하는지 모르겠다"고, "부모가 가서 기다려야지 자식이 나와서 기다리게 만든다"고 그랬어요. 그러면서 그날은 이상하게 "나 팽목항에 가보고 싶다"고 그래서 그때 처음으로 팽목항에 갔어요. 열흘 만에, 사고 나고 열흘 만에 갔는데, 거기를 보는데 미수습자 해서 169번 거기를 보는데 그게 안 떠나는 거예요. 그게 자꾸 밟히는 거예요. 다른 사람은 모르겠는데 세희 아빠도 그런 거를 느꼈는지 못 느꼈는지 모르겠는데 자꾸 저 번호가 눈에 밟히고 자꾸 이상하다는…. 그래서 설마 했죠, '내 아이일까' [하고].

면담자   그럼 어머니 그걸 모르고 일단 팽목에 가셨던 거네요, 그 기분으로?

세희 엄마   네, 네. 그날 오후 3시에 방송이 나왔어요. (면담자 : 유전자 검사를 하고 난 후에) 네, 네. 그 전에 유전자 바뀐 아이들 있었어요. 그래서 유전자 검사를 미리 신청을 해놓은 거예요. (면담자 : 그래서 바로 맞춰볼 수가 있었던 거네요) 네, 바로 맞춰서 그래서 된 거예요. 오후 3시쯤 됐는데 방송을 하더라구요, "2학년 9반 임세희".

면담자   방송을 팽목항에서 들으신 거예요?

세희 엄마   아니, 아니, 체육관 와서. [팽목항] 갔다가 와서 누워 있었는데 "2학년 9반 임세희 학생 유전자 검사 확인이 됐다"고 딱 그러더라구요. 그러고 나서 가려고 그랬는데 나는 "또 쓰러진다"고 못 가게 막더라구요. 언니들이 막았어요. 언니들이 막고 세희 아빠가 "내가 갔다 오겠다"고, 그리고 조카가 간호사니까 "이모, 내가 갔다 올게" 그래서 갔다가 왔어요. "맞다"고, "세희가 맞다"고 그러더라구요. 그러면서 "나중에 세희를 보게 되면 너무 충격받지 말고, 놀라지 말아라", 세희 아빠가 그 얘기를 해주더라구요. 그 전에도 조카애가 그거에 대한 얘기를 안 했어요. 그냥 이렇게 그 얘기만 해서, "응, 알았어" 그러면서 저희는 택시 타고 오고 세희는 따로 가고 그래서 오면서 그러면서 왔죠. 그다음 날인가 염하면서 마지막으로 볼 수 있는 기회를 주더라구요, 그 전에는 가보려고 해도 못 보게 했고.

17
장례와 하늘공원 안치

면담자   장례식장은 어떻게 정하셨던 거였어요?

세희 엄마   장례식장이 가까운 데가 없어서, 그때 두 군덴가가 나왔어요. 두 군데가 나왔는데 하나는 인천이었고 하나는 안산이구요. 그때 마침 두 개가 나왔어요. 그때는 장례식장도 모자라서 저희 부모님들은 기다렸다가 하고 그랬잖아요. 마침 안산에 하나하고 인천에하고 딱 두 개가 나온 거예요. 안산에서 그래서 잡은 거죠, 딱 나와서. 그래 갖고는 [장례를] 하고 맨 마지막 날 또 세희 동생 같은 경우에는 한숨을 못 잤어요, 내내 안 잤어요. 자기가 "누나를 지켜야된다"고 잠을 안 자더라구요. 안 먹던 커피를 그때 처음 많이 먹었어요. 계속 ○○이가 상주해 있으면서 커피를 계속 달고 살았으니까. "좀 쉬라"고 그래도 자기가 "누나 지켜야 된다"고 계속 지키고 있었어요.

면담자   장례 치르는 동안에 기억나는 일 있으세요?

세희 엄마   (눈물을 훔치며) 세희 친구들, 세희 친구들도 지금 한참 바쁘겠지만 그때 계속 있었어요, 세희 친구가 [장례] 있을 때까지. (면담자 : 같은 학교 친구인가요?) 아니, 다른 학교. 세희하고 5살, 6살 때부터 친구였거든요. 6살부터 친구여서 초등학교만 같은 학교고 중학교, 고등학교를 따로 다녔어요. 따로 다녔어도 계속 연락하고, 다른 학교다 보니까 자주 만나지는 못해도 가끔 만나고 얘기하고 그랬던 친군데.

면담자   아까 산에 같이 갔다는 그 친구들인 거예요?

세희 엄마   그 친구들. 그 아이들이 제일 [생각]나고, 걔네들이, 그 친구 하나가 내 생일날 미역국 끓이고 케익[케이크] 사고 그래서 새벽에 문 두드려서 대신 챙겨주고, 어버이날이라고 카네이션 만들어서 그리 해줬어요, 그 친구들이. '세희가 친구는 많이 없어도 그나마 걔네들이라도 있어서 다행이다'라는 생각을 해요. 저는 우리 세희 초등학교 때도, 저번에도 얘기했지만 진짜 성격 같은 거 이런 거를 바꿔주고 싶어서 하기는 했는데 그거는 안 되더라구, 어떻게.

면담자   하늘공원으로 정하신 특별한 이유가 있었어요?

세희 엄마   그땐 아무 생각이 없었어요. 가까운 데, 가까운 데[로 하겠다는 생각밖에 없었어요]. 저희 부모님들은, 저희도 나중에는 개인적인 이유가 있겠지만, 다들 생각하기 나름이겠지만 효원이나 서호로 옮긴 부모님도 있어요. "내 자식이 비바람 맞는 거, 밖에서 덩그러니 비바람 맞는 거 나는 싫다" 그래서 옮긴 부모님들도 있어요. 저희 생각은 좀 달랐던 게 언제든지 와서, 멀리 있든 가깝게 있든 차 있으니까 왔다 갔다 보고 싶을 때 와서 보지만 친구들 같은 경우에는 가려면 거기 멀어요. 저희도 옮기려고 하다가 보고 싶을 때 와서, 가까운 데 있으면, "다섯 번 보고 싶은데 멀리 있으면 두 번밖에 못 가고 못 보고 한 번밖에 못 보고 그런다. 우리는 괜찮지만 보고 싶은 친구들이, 그리워하는 친구들이, 보고 싶은 친구들 보러 올 때 너무 멀면 자주 못 오니까 우리는 여기 있자", 세희 아빠가 그러더라구요. 안산에서 버스 타고 오면 금방이잖아요. 저희야 멀리 있든 가깝게 있든 상관은 없는데 보고 싶은 친구들이 있어 [불편]할까 봐, "우리는 그냥 있자" 그래서 저희는 그대로 있어요. 처음에 옮기려고도 했었어요. 그게 다 부모 마음이죠.

면담자	오늘은 여기까지 할까요, 어머니?
세희 엄마	네, 너무 울었나 봐.
면담자	3차 구술은 다음에 또 진행하도록 하겠습니다.

3회차

2016년 3월 16일

1
시작 인사말

면담자 본 구술증언은 4·16 사건에 대한 참여자들의 경험과 기억을 기록으로 남김으로써 이후 진상 규명 및 역사 기술에 기여하고자 합니다. 지금부터 배미선 씨의 증언을 시작하겠습니다. 오늘은 2016년 3월 16일이며, 장소는 안산시 단원구 글로벌다문화센터입니다. 면담자는 김아람이며, 촬영자는 김솔입니다.

2
피케팅, 서명, 국회 농성

면담자 제일 기억에 많이 남는 활동은 어떤 활동이셨나요?

세희 엄마 저희가 아이들 분향소에서 그때부터 피켓도 들고 서명도 받고 제일 처음에 했던 일이 그 일이었어요. 그때부터 시작이었죠. 우리 아이들 조문 온 분들한테 서명받고 거기에서 부모님들하고 시간 돌아가면서 피켓 서면서 그게 시초였고, 서울이나, 저희 같은 경우에는 수원, 대전 그쪽으로 서명을 많이 받으러 다녔어요. 서명받으면서 많이 들었던 이야기가 "너희들은 니네 자식들 수학여행 가서 그런 거 아니냐. 가만히 있으면 박근혜 정부에서 다 알아서 해줄 텐데 왜 설치느냐", 진짜 그런 이야기. "내 자식은 아니고 내 아는 사람의 자식도 거기 있었는데 가만히 있어라. 진짜 왜 설치냐", 이런 소리를 진짜 많이 들었어요. "얼마를 받고 싶어서, 자식 팔아 얼마 받고 싶어서 그러느냐", 처음에 부모님들, 저도 그랬지만 그 소리를 들으면 진짜 가슴이 미어지고 그 자리에서 부모님들 쓰러져서 울고 그랬었어요.

그런 반면에 따뜻한 분들도 많았어요. "너무 고생하신다. 힘내시라" 그러면서 음료수도 챙겨다 주시고…. 제일 지금도 생각이 나는 게 수원의 그 어디 대학교였지, 그쪽으로 서명을 갔는데 한 4, 5살 된 꼬마 여자아이가 아장아장 걸어오더니 주는 거예요, 음료수를. "드시고 힘내세요" 이러고 가는데, 거기 저희 부모님들이 너무 그때도 너무 울었어요, "고맙다"고, 그 부모가 주긴 했는데. 그러고 전국적으로 저희 부모님들 서명받으러 다녔을 때 그때는 진짜 서명받고 "특별법 제정해 달라"고 그러면 사실은 될 줄 알았어요. 일말의 실마리라도 잡은 거처럼 '진짜 우리가 이렇게 하면 될 것이다' 그런 기대를 가지면서 진짜 시민들 쫓아다니면서…. 그냥 해주시는 분도 있지만 안 하려는 분들도 많았거든요. 그러면 쫓아가서 이 서명을 왜 해야 되는지, 이 사고가 왜 일어났는지 얘기들을 진짜 하면서 서명을 많이 했고….

그때는 힘들지가 않았어요. 저희 부모님들하고 같이 될 거라고 믿었던 마음도 있었고, 그렇기 때문에 힘든 줄 모르고, 그냥 옆에 보지 못하고 그렇게 계속 달렸죠. 우리가 서명받은 거를, 그 용지를 다 포장을 해서 분향소에서 그거를 보면 느낀 게 '우리 국민들의, 시민들의 힘이 이렇게 크구나'. 사실 그런 거에 힘을 더 얻는 거니까…. 그랬는데, 그 이후에는 말 안 해도 되죠. 전달하는 과정에서도 그랬고, 저희 부모들이 광화문으로 가고, 청운동으로 가고, 국회로 가고 그랬을 때…. 그러니까 국회에 들어갈 때도 저희들은 국회 들어가는 데도 다른 사람들은 잘 들어오는데 저희 유가족은 들어가면, 들어가는 것도 힘들었지만 나와서 다시 들어가는 게 너무 힘들었어요. 그래서 국회의원 보좌관의 힘 빌려서, 약간의 007 작전이라고 그러는 거겠지만, 국회의원 보좌관 힘을 많이 빌려서 몰래몰래 많이 들어가고.

못 들어오게 이중 삼중, 이중 삼중이 아니라 삼중 사중이죠, 그렇게 저희들을 막았을 때도 '진짜 이 나라가 진짜 우리나란가' 싶을 정도였으니까. 그래서 국회에 들어가면 올라갔다 내려갔다 할 때도 있지만 들어가기가 힘드니까 이틀, 3일씩 반별로 국회 들어가면 반별로 자리를 잡아서 그렇게 저희 가족들이 있었어요. 그래서 처음에 들어갔을 때는 국회에 회관에서 잤었지만 나중에는 국회 회관에도 못 들어오게 하더라고. 저희 신분증을 맡기고 그 출입증을 받아서 국회 회관 왔다 갔다 했었어요. 나중에는 아예 안 된다고 그러더라고. "왜 안 되냐. 지금까지 화장실이나 이런 것도 거기서 왔다 갔다 했고, 씻는 것도 그러고. 왜 안 되냐?" 세월호 유가족이라 안 된대요, 이유가 없어요, 세월호 유가족이니까 안 된다는 거. 그러면서 국회 남문 쪽에 있는 화장실을 저희 가족들이 쓰게 됐죠. 쓰게 되면서 그래도 먹고는 저기는 해야 되니까 먹을 것도, 저희가 국회 거기 얘기를 [해서] "밥을 먹게 해달라"고 그러니까 그쪽에서 거절을 했더라구요, "안 된다"고. "우리가 우리 돈 내고 우리가 식권 사서 먹겠다" 그랬더니, "해달라" 했더니 "안 된다", 그것도 안 되는 이유가 세월호 유가족이기 때문에 안 되는 거였어요.

　그러면서 저희 부모님들은 밖에서 도시락 배달을 해서 몇 끼를 그렇게 먹었어요, 계속해서. 국회 안에도 들어갈 수가 없어서, 경찰들이 사중 오중, 그 안에도 아예 못 들어가게 막아서 저희 부모님들은 밖에서, 진짜 그 차가운 바닥에서 며칠을 있었는지 기억이 없어요. 국회에 갔다가 집에 오면 세희 동생 학교를 가야 하기 때문에 밥통에 밥을 한가득 해놓고 다시 국회를 가고. 국회 갔다가 광화문도 한 번씩 가고 그랬으니까…. 그리고 청운동에서 있을 때도 저희 가족들, 그 첫날에는 제가 있지 않았고 그다음 날부터는 있었는데, (울음으로 잠시 중단) 그 안에 들어갈 때도 얼마나 힘들었는지 몰라요, 몸싸움 해가면서 유가족이 아닌 척하면서. 거기에 CCTV가 있는데 CCTV는 도로 상황을 보기 위한 CCTV인데 어느 상황엔가 그 CCTV가 우리 유가족을 보고 있더라구요. '우리 가족들이 범죄 집단도 아니고 왜 우리를 감시를 해야 되나'(한숨) 그런 생각도 들었고.

　거기 있으면서 부모님들이 국회에 있을 때도 마찬가지였지만 청운동에 있을 때도 부모님들 많이 힘들어했었어요. 저희들은 안산에서 서울로 올라오면서부터 경찰들이 따라붙고 감시가 시작되기 땜에, 안 봐도 유가족인지 그때는 다 알아봤다고 하더라구요. 진짜 최대한 티를 안 내려고, 어딜 가면 못 들어가니까 부모님들 가방에 리본이며 배지며 이런 것들을 가방에다 넣고 아닌 척하고 지나가고 그랬었어요(울음).

면담자　　　아버님은 당시에 진도에 계셔서 서울 상황을 잘 모르셨죠?

세희 엄마   몰랐죠. 몰랐어요, 계속 진도에만 있었으니까, 일이 있을 때만, 볼일이 있을 때만 한두 번 왔다만 가고 그랬으니까. 저희들은 서명받으러 다니면서도 저희 부모님들끼리 위로를 많이 했죠. 우리 아이들 이야기를 그때 제일 많이 했고, 같이 다니면서 "그래, 우리 힘내야지. 끝까지 가야지, 끝까지 갈 거야" 그러면서 다독여 주고, 다독여 주고. 그때 많이, 어느 누구의 위로보다도 부모님들끼리 위로를 많이 했어요. 옆에서 다른 시민분들이 "힘내시라"고, "응원하겠다"고 "잊지 않겠다"고 그런 이야기를 해주고 그럴 때 너무 많이 힘이 났었고. 저희들도 전국 투어를 했었잖아요. 그때 확실히 부모님들하고 더 친해졌던 거 같아.

3
·
반별 서명 활동

면담자   반별 활동은 어떻게 조직이 되었나요? 반별 활동이 시작된 게 서명이었나요?

세희 엄마   그때부터 반별로 했죠. 그 전에는 같은 반이니까 다니기는 했지만 그때부터 하나씩 쭉 반끼리 의논도 하고…. 그 전부터도 반끼리 많이 다녔어요. 어떻게 했냐면 처음에는 뽑기? 처음에는 뽑기로 해서 지역 뽑기, 반 대표가 뽑기를 하고 그래서.

면담자   9반 대표를 처음 시작할 때 누가 맡으셨어요?

세희 엄마   예지 엄마. 예, 예지 엄마. 그때는 제일 젊고 제일 또 잘해, 지금도 잘하고. 우리 엄마 반 대표가 바뀌었지만 예지 엄마가 처음 있는 일이라 많이 아마 힘들었을 거예요. (면담자 : 대표는 어떻게 뽑으셨어요?) 제일 젊으니까, 예지 엄마가 30대였고 저희들은 다 40대고. 그러니까 "아무래도 젊은 엄마가 낫지 않니" 그래 가지고 그러니까 자기도 "하겠다"고 그래서 예지 엄마가 또 반 대표를 했었어요. 우리 부모님들 못 가고 그러면 혼자서라도 광화문 막 다니고 많이 힘들었죠. (면담자 : 반별로도 분위기가 다르죠?) 다르다고 하더라구요.

면담자   9반은 분위기 어떠셨어요? 같이하실 때 아버님이 많았어요, 어머님이 많았어요?

세희 엄마   지금도 그렇지만 엄마들이 주예요. 아버님들은 그냥 따라오는 편? (웃으며) 우리 9반은 엄마들의 힘이 좀 셌습니다(웃음). (면담자 : 다른 반하고도 조금 다른가요?) 틀려요, 다르다고 하더라구요. 제가 다른 반들은 보지를 못해서 모르겠는데 본 사람들은 그러더라구요, 반마다 특색이 있다고, 9반, 10반은 엄마들이 엄청 세다고(웃음). 그만큼 엄마들이 활동을 많이 한단 이야기겠죠, 앞장서서. 아버님들 같은 경우에는 저희를 많이 서포트[지원]를 해줬어요. 서명이나 피케팅 가면 앞에 나가 하지 않았어도 저희 엄마들을 뒤에서 많이 챙겨줬죠.

면담자   처음 서명한 것은 정부합동분향소였어요?

세희 엄마   분향소가 그때 처음이었어요. 처음에는 위에 제목도 조금씩 바뀌는 게 있고 그랬어요. 제일 기억나는 게 저희 무주 사는 언니가 자발적으로 "서명받아 주겠다"고, 언니가 무주에서 진짜 서명도 많이 받아줬죠. 그리고 저희가 대전을 자주 내려갔어요, 대전에서 서명도 많이 받고. 저희 반은 어떻게 대전 밑으로는 안 내려갔던 것 같아요, 서명 버스 투어 할 때도. 저희는 다행히 [뽑기를] 잘 뽑아서, [다른 반은] 부산 가고 광주 가고 그랬잖아요, 저희 같은 경우는 그렇지 않아서 다행히도(웃음).

면담자 처음 사람들에게 부탁하고 구호도 외치셨는데, 시작하셨을 때 어떤 마음이셨어요?

세희 엄마 처음이었죠. 마음은, 처음에는 진짜 [말이] 안 나왔어요. 안 나와서 내 옆에 있는 부모님이 한마디 하면 내 한마디 하고, 옆에 있는 부모님 한마디 하면 한마디 하고, 안 그러면 같이 외치고, "해달라"고, 왜 해야 되는지, "해달라"고. 사실은 그런 경험이 처음이라 나오지가 않았어요, 말이. 지금은 "하라"고 그러면 해요(웃음).

면담자 낯선 사람들한테 서명을 요청하고 설득하는 게 어려우셨을 것 같아요.

세희 엄마 네, 2인 1조로 다니고 서명지를 직접 들고 다니면서 처음에는 못하니까 같이 받고 그러고 그랬죠. 서명지 들고 다니면서 그 자리에서는 "해달라"고만 하면 되는데, 들고 다니며, 가지고 다니며 "해달라"고 할 때는 참 말 띄우기[떼기]가 너무 힘들었지. 지금도 낯설기는 하지만 그때보다는 많이 외치고, 지금도 저희가 금요일마다 서명을 하고 있지만, [사람들이] 왜 해야 되는지 물어봐요. "어, 이거 서명했던 건데 또 하냐?"고 [하면] "틀리다"고, "그때 했던 서명하고 틀리다"고, 왜 틀리는지 지금 받고 있는 서명이 왜 하는 건지 이야기하면 수긍해요. 이렇게 오면 그렇게 이야기해 줘요.

면담자　　특별법 논의가 시작할 때 따로 모이셔서 공부하시거나 그러지는 않으셨어요?

세희 엄마　　그러지는 않았어요. 저희 1반부터 10반까지 분향소에서 당직을 서잖아요. 그때 모이면 변호사님이 계셔요, 그때 물어보고 그게 어떤 건지, 왜 필요한지. 일요일마다 지금도 미술관에서 가족들 회의하는, 지금은 많이 오지 않지만, 처음에는 와서 특별법이 왜 필요한지, 왜 기소권·수사권이 필요한지 많이 알려줬죠. 그래서 공부하지는 않아도 계속 듣다 보니까, 진짜 변호사님들한테도 많이 물어봤죠. 알려주시고

면담자　　박주민 변호사님이 계속 계셨던 거죠?

세희 엄마　　네.

면담자　　활동하시면서 물어보기도 하고 회의 때도 이야기들을 자연스레 하게 되고?

세희 엄마　　그죠. 지금도 분향소에서 당직을 서면서 그런 이야기도 하고. 지금 제일 이슈가 되는 게 교실 문제, 그리고 "우리 아이들 추모 관련해서 한군데로 모아야 되지 않냐" 그런 이야기, "어떻게 하면 좋을까" 그런 이야기를 많이 하고.

4
국회 농성 당시 어려움과 도움을 준 의원

면담자 　　국회에 처음 들어가셨을 때는 서명도 이루어지고 있고 국회도 동시에 진행이 됐던 거죠?

세희 엄마 　　서명하고 난 다음에 국회에, 서명은 전국 투어 끝나고 그러고 있다가 저희들 부모님들이 [제출한 것 같아요].

면담자 　　반별로 활동이 되었던 거죠? 어느 반은 청운동 중심으로 되셨던 거고.

세희 엄마 　　반별로 움직이는데, 청운동 가는데, 거의 다 그때는 반별은 없었어요. 서명받으러 갈 때 장소가 있으면 저희는 뽑기로 이렇게 해서 가고, 서울 가고 수원 가고 대전 가고 이렇게 했었을 때고, 그랬었어요.

면담자 　　국회에 계실 때 처음에는 우호적이었다가 나중에 가서는 출입도 못 하게 된 기간이 어느 정도였는지 기억이 나시나요?

세희 엄마 　　그 기간을 모르겠어요, 기억이 안 나. 정신없이 저기를 했기 때문에 기억이 나지는 않아요.

면담자 　　이동할 때도 안산에서 반별로 다 같이 차 타며 이동하는 거죠?

세희 엄마 　　보면은 반별로 타요. "우리 여기 있어" 그러면 "어, 거기 있어?" 그러며 다 반별로 타지는 않는다 해도, 정해져 있지 않았다 해도 다 반별로 활동하게 되더라구요. (면담자 : 현장에서 관리를 해주거나) 그런 건 없었어.

면담자 　　　그중에서 대표가 있지는 않으셨어요?

세희 엄마 　　저희는 반 대표는 한 명 있었잖아요. 그 반 대표가 "이렇게 해야 된다, 저렇게 해야 된다" 하지는 않았고 "이런 방향으로 가야 된다고 한다" 그러면 우리도 같이 갔죠. 같이 움직인 거죠.

면담자 　　　도와줬던 보좌관들은 다 야당 의원 소속이었어요?

세희 엄마 　　그렇죠.

면담자 　　　기억나는 사람 있으세요?

세희 엄마 　　저희 했던 보좌관은 거의 김현 의원 보좌관님들이 거의 다 도왔어요. 와서 저희 부모들을 지켜주고 다독여 주고 그랬던 분이 김현 의원밖에 없었고, 같은 야당이라고 그래도 저기 한 사람들은 오지 않았고, 저희 부모님들 옆에서 계속 다독여 주고 진짜 챙겨주고 건강 챙겨주고 한 분들은 김현 의원하고 그 보좌관님들. 모르겠어요, 여기 새누리당 그분도 나왔지만, 그분 같은 경우에는 저희 밥도 사주신 건, 아니지, 같은 밥은 먹었어. 새누리당 갑자기 국회의원 이름이 생각이 나지 않지만 안산시 의원이잖아요[김명연 의원]. 그러면 여야를 떠나서 안산, 자기가 저기 하는 시민이잖아요. 그럼 와서 진짜 여야를 떠나서 알아보고, 돌봐주고, 들어주고 [해야 하는데] 뭘 해달라는 것도 우리가 요구했던 게 무리한 요구는 아니잖아요. 근데 새누리당 국회의원은 이번에도 다시 나왔지만 얼굴 한

두세 번 비추고 왔다 갔다는 거밖에 안 돼요.

　김현 의원은 저희가 있을 때 항상 옆에 있었어요. 국회 들어갈 때도 김현 의원 보좌관님들이 저희 가족들을 계속해서 국회 안에까지 들어갈 수 있게 많이 도움을 줬죠. 안산에서도 한 번인가 두 번인가 봤어요. 서명할 때도, 국정교과서 반대할 때 그거 하면서도 저희도 서명을 받고 있기 때문에, 김현 의원 같은 경우에는 와가지고 "너무 애쓰신다", 저희 가족들 얼굴 보고 가고 많이 그랬어요. 저희 눈에 비친 건 그랬었어요. 옆에서 제일 힘써주고 챙겨주고 다독여 주고 눈물 닦아주고 했던 분은 김현 의원. 뒤에 [대리기사 폭행] 사건도 너무 안 좋아서 마음은 아프지만 그거는 그거라고 생각하고…. 저희한테, 그때도 국회의원들이나, 저희 가족들 국회에서 계속 몇 날 며칠을 자고 그랬어도 어느 누구 와서 챙겨주고 했던 사람이 없어요. 비 오면 같이 맞아가면서 정말 애썼던, 여당 쪽에서는 아예 없었고…. 제가 말했던 거는 여야를 떠나서 안산에서 이런 일이 있었으면 반대를 해도 안산 시민이잖아요, 저희가. 그러면 여야를 떠나서 여당 국회의원이나 그런 사람이 와서 진짜 다독여 주고 들어주고, 들어줄 수는 있잖아요. 그런데 그 사람들을 왜 뽑았겠어요? 저희들 소리 들어달라고 뽑은 그런 거잖아요. 근데 전혀 없었어요.

면담자　　　'어떻게 안산 의원들이 이렇게 하냐'는 이야기를 부모님들끼리 하셨어요?

세희 엄마　　　부모님들끼리 했겠죠. 국회에 있을 때도 반별로 10반, 9반, 8반, 7반, 자리를 만들면 그렇게 돼요. 아무래도 같은 반 엄마,

아빠들이 더 친하고, 어딜 가면 같이 항상 다니기 때문에 그렇게 안 만들려고 해도 그렇게 돼요, 보면 이렇게 딱딱. 그래서 비가 와도 그렇고 밤을 같이 새준 분은 김현 의원.

면담자　　제일 곤란하거나 힘든 점은 어떤 점이 있었을까요?

세희 엄마　　나갔다가 들어올 때가 아무래도…. 그리고 그 안에서 왔다 갔다 한다 하지만 경찰들이 계속 있었으니까 아무래도 저희들은 그 안에 있어도 편안하진 않죠. 부모님들 같은 경우에도 잠자리도 그랬지만, 잠자리는 문제가 되진 않았어요. 저희가 어디 가서 못 눕겠어요. 그 전날에 KBS 거기 가서도 [있었고] 청운동 가서 있었을 때니까, 국회 있었을 때 그 바닥은 아무것도 아니죠.

면담자　　침낭이나 이불 같은 것도 준비해 가지고 다니셨어요?

세희 엄마　　그때는 그런 준비가 없었어요. 몰랐던 거죠, 갔다 올 생각이었으니까 준비가 안 되었던 거고. KBS 거기 갔을 때도 많은 시민들이 먹을 거나 담요 이런 거를 챙겨줬기 때문에 가능했지, 저희 같은 경우에는 그 생각을 가족들은 못 했어요. 나중에는 누가 얘길 안 해도 갔다가 바로 올 거라는 생각을 안 해요. 그다음부터는 부모님들이 가방에 항상 세면도구는 기본, 여유로 무릎 담요 같은 거나 이런 거, 갔다가 온다고 치더라도 항상 가방 안에 모든 준비가 딱 돼 있는 거예요. 처음에는 안 그랬어요. 처음엔 갔다가 올 줄 알고 어떤 준비를 못 했죠. 가면 갈수록 '아, 이게 아니구나' 알기 때문에 모든 준비를 하고 누가 얘기를 안 해도 부모님들이 다 준비를 하더라고요.

면담자 　　　어머님도 밤새우신 적 있으셨어요?

세희 엄마 　　　있어요, 나가지 못하니까. 나가더라도 교대로 갔다가 볼일 보고 다시 또 올라오고 그랬었어요. (면담자 : 갇혀 있다는 생각은 안 하셨어요?) 저희는 나갈 수 없으니까 감옥이니까, 어디를 가도 저희들은 감옥이죠. 감옥이었죠, 갇혀 있었으니까.

면담자 　　　국회에서는 식사 지원이 아예 없었나요?

세희 엄마 　　　저는 지원은 모르겠고, 깊이는 모르겠고…. 항상 반별로 인원 취합을, 계신 분들…. 낮에만 있다가, 처음에는 왔다 갔다 할 수가 없었어요, 못 들어가게 해서. 나중에 왔다 갔다 할 수 있게, 그러니까 엄마들 같은 경우에는 낮에 있고 밤에 갔다가 다시 올라오고. 그러니까 밤에 있는 엄마, 아빠들은 계속 있었던 거고, 갔다가 다시 올라오는 분들 있으니까 인원 취합을 하는 거예요, 몇 명인지. 그러면 인원 취합한 거에서 인원수대로 도시락이 오는 거죠. 도시락 먹고 그랬죠.

면담자 　　　서울 왔다 갔다 하실 때 그 비용은 어떻게 지출이 됐었어요?

세희 엄마 　　　차량 같은 경우에는 안산시에서 지원을 해주는 걸로 알아요, 저희들 식사하는 데는 잘 모르겠고. 그때는 안산시에서는 지원이 되지 않았을까 싶은데.

면담자 　　　정기적으로 오는 차편이 있었어요?

세희 엄마 　　　정기적으로는 아니고, 그때는 매일 서울 왔었으니까.

차가 아침에 보통 8시, 8시 반, 9시 이렇게 차편이 있었어요. 갔다가 저녁에 내려오시는 분, 내려오시는 엄마, 아빠 있잖아요. 갔던 차들이 다시 보통 밤 9시, 10시 이렇게, 아침에 왔다가 저녁에 가시는 부모님들도 있고, 국회를 지켜야 되니까 차편은 계속 있었어요. 나중에는 인원이 없으니까 작은 차로 바뀌고 그랬지만 지금도 작은 차, 분과 차, 9인승, 11인승인가? 그것도 있고, 경기도교육청 피케팅 가고 그러면 분과 차로 가고, 동거차도 갈 때도 분과 차로 움직이고…. 처음에는 진짜 반별로 많이 친했어요, 처음에는. 친할 수밖에 없죠, 다른 반은 내 아이하고 같은 저기니까 모르니까. 지금은 부모님들이 그 반도 친하지만, 많이 알고 같이 많이 다니고 그러니까 다른 부모님하고도 많이 친하죠.

면담자   학기 초라 다른 부모님들과는 잘 모르셨던 거죠?

세희 엄마   그렇죠. 사고 나고 나서 부모님들을 알았으니까. (면담자 : 보미 어머님도 그때 아신 거고) 보미 엄마는 장례식장에서 세희 옆에서 했으니까 처음 알았던 거고, 다른 부모님들은 아이들 오고 난 다음에, 그 전에도 진도체육관에서 부모님들 모일 때 얼굴은 봤지만 사실 기억을 못 해요, 몇몇 분밖에. 아이들 장례 치르고 난 다음에 분향소에 와서 그러면서 얼굴 보고 "저분이 몇 반 엄마래" 그래서 알았죠.

면담자   9반은 아이들이 가장 많이 희생된 반이잖아요. 그것 때문에 좀 더 끈끈하기도 한가요?

세희 엄마   척하면 척이라고 그냥 얘기만 하면…. 근데 처음부터 그렇지 않았어요. 부모님들 의견들이 많이 통합되기 힘들죠. 지금도 그렇지만 통합되긴 힘들었죠. 무슨 일을 엄마들이 추진을 할 때 아빠들은 서포트를 많이 해줬어요, 아빠들이. 그래서 엄마들이 활동을 할 때 많이 편했죠.

5
청운동 농성

면담자　　　청운동은 처음 가보신 거 아니셨어요?

세희 엄마　　가볼 일이 없었죠. 처음 간 거는 KBS 들렀다가 대통령한테 항의 방문 해서, 그때가 처음이었고, 그다음에는 국회 있다가 저희 가족들이 청운동으로 옮겼잖아요. 처음에는 가지 않았어요. 그다음 날인가 이튿날부터 저도 가게 됐죠.

면담자　　　국회 계실 때하고 청운동하고 비교해 보시면 어떤 차이가 있었어요?

세희 엄마　　저는 거의 차이가 없다고 봤어요. 장소만 바뀐 것뿐이지 저 같은 경우는 '여기가 더 낫네', '저기가 더 낫네' 그런 건 없었어요.

면담자　　　청운동이 경비가 더 강하지 않았나요?

세희 엄마　　거기가 더 심하긴 했죠, 골목골목마다. 그렇게 따지면 국회에는 오픈돼 있는 상태에서 그랬는데 청운동 같은 경우는 그 안에서, 사거리 앞에서도 경찰이 계속 이중 삼중이었지만 골목골목마다 체크무늬 그 사복경찰들이 골목골목마다 다 있었어요. 그죠, 골목골목 많이 있었죠. 청운동도 제약이 많았죠. [이동할 때는] 같이 움직였어요. 청운동에서 광화문 갈 때도 혼자는 가지 못하고 부모님들끼리 두세 명씩 같이 가고.

면담자   이동할 때도 경찰이 붙었어요?

세희 엄마   안 붙었어요, 골목골목 다 있으니까. 그리고 저희가 유가족인지 아닌지 한눈에 딱 보여요, 보인데요. 그리고 광화문에 있을 때도 저희 유가족들은 그 세종대왕 넘어도 못 넘어가게 했어요. 그래서 광화문에 있다가 가려고 그러면 티 안 내려고 가방에 리본이나 배지 빼고 진짜 아닌 척하고 가고…. 그때도 못 가게 경찰들이 거기도 있었으니까, 처음엔 광화문에도 있었기 때문에 막았으니까….

면담자   청운동에서 광화문 가는 건 막지 않았지만 광화문에서 청운동 갈 때는 막았어요?

세희 엄마   경찰들이 청와대 조금만 넘어만 가면 못 가게 막았잖아요. 저희는, 저 같은 경우에는 넘어가지 못했어요. 가려고 해도 경찰들이 너무 많기 때문에 엄두를 내지 못했어요. (면담자 : 부딪칠 때가 종종 있었어요?) 있죠, 가려고 하면 못 가게 하니까. 청운동에 있을 때 시민들도 많이 오고 학생들도 많이 오고 그러면 통제가 더 심했죠. 아예 못 가게, 아예 지나갈 수 없게, 통제가 너무 심했어요. 그래서 건너편에서 저희한테 함성을 질러줘요, 힘내라고. "저희가 지키고 있다" 그런 메시지예요. 우리 유가족들도 그거에 대한 보답으로 같이 함성을 질러주고 많이 그랬죠.

면담자   건너편에서 시민들이?

세희 엄마   네. 시민분들이 와서 나중에는 세희 아빠도 거기 청운
동에 왔었어요. 와가지고 그때도 간담회를 거기서 했었어요. 전국에
서 오니까, 그곳에서 엄마들이 리본 만들면서 같이 앉아서 간담회도
하고…. 그때는 시민들이 오는 게 자유로웠죠, 처음에는 진짜 못 왔
으니까. 와가지고 유가족들이 어떻게 생활하고 있는지 보고 지금 현
상황 이런 거 이야기하고, 거기에서도 굉장히 간담회 많이 했어요.

면담자   거기에도 부스가 많이 있었어요?

세희 엄마   딱 하나. 처음에는 비닐 천막을, 처음에는 비닐 천막
도 아니었죠. 비닐 천막도 아니었고 땡볕에 있으니까 뜨거우니까 시
민들이 우산, 햇볕 가리개를 주는데 〈나쁜 나라〉에도 나오지만, 그
거를 반입을 못 하게 하고, 저희 비닐 천막 치려고 하는데 비닐 천막
마저도 반입 못 하게 해서 유가족들하고 몸싸움하고…. 그때 차 벽
이 가족을 막고 있었으니까, 차 밑으로 해서 저희들은 우산 가지려
고 하고 경찰들은 못 갖게 하고, 그때도 몸싸움이 많이 있었죠.

면담자   요일에 따라 사람이 많이 온다든가, 기억나는 거 있으
세요?

세희 엄마   평일에도 많지만, 주말에는 끊임없이 오시죠. 어떤 아
이, 어디서 왔는지 모르겠는데 그 부모님은 자기가 "직접 도시락을
싸가지고 주고 싶다" 그래서 그 아이가 도시락을 싸가지고 일회용

뚜껑에 힘내라고 그림 그려가지고 와가지고, "힘내시라"고 도시락을 싸가지고 온 것도 보고, 그런 분들 많이 [계셨어요]. 그리고 어떤 단체에서 도시락밥 요일마다 해가지고 오는 그런 단체도 있었고….

면담자   시간이 지나고 나서 주민센터 이용을 제한하거나 그러지 않았었나요?

세희 엄마   거기서도 "빼달라"고, 뺐으면 하는 게 많았죠. 제가 거기서 어떤 이야기를 들었냐면 박근혜 대통령이 "저기 청운동에 있는 저 천막 빨리 치워버리라"고, "저기 세월호 천막이 우리나라 망신 다 시킨다"고, "빨리 치워버리라"고, 그런 얘기를 거기 상주하고 있던 부모님들이 있잖아요, 그때 당시에 상주하던 어떤 정보과? 정보과장? "그분이 부모님한테 그런 이야기를 했다" 하더라구요. "그런 내용의 지시가 있다. 나라 망신시킨다고, 저 천막, 세월호 청운동 있는 저 천막이 우리나라 망신 다 시키고 있다고 빨리 치워버리라"고, 그러니까 지시받은 사람들은 어떻겠어요. 내가 그 말을 듣고 그랬어요, "아니 나라 망신은 누가 시키고 있는데 어떻게 그 입에서 그런 이야기가 나올 수 있냐"고. 근데 이 얘기도 부모님들은 거의 모를걸요. 거기 계셨던 엄마가, 거기 상주하고 있었던 몇 분들은 아실 거예요. 알고 있는 건데 우연치 않게 그 부모하고 얘기를 하다가 그런 이야기 하더라구요. 계속 상주하셨던 부모님이니까 "정보과 있는 사람들하고도 안면을 트고 얘길 하고 이렇게 하니까 그러더라"(한숨). '참 이 나라가 진짜 거꾸로 가고 있긴 맞구나. 진짜 유가족은 대한민국 국민이 아니구나'. 진짜, 가면 그런 걸 정말 많이 느껴요.

6
세종시에서 겪은 유가족 저지, 배·보상에 대한 외부 인식

세희 엄마   세종시에 갔을 때[2015년 4월 6일에 세종시 해양수산부 청사에 항의 방문]도 그랬지만 거기에서 우리 유가족들을 너무 쓰레기 취급을 하고, 세종시 그 거기에서 저희 가족들을 진짜 들어내고 그럴 때 "유가족들 쓸어버리라"고 "쓸어버리라"고 지시를 [했대요]. 저희들이 세종시 가가지고 그 안에 들어가려고, 막으니까 부모님들 담 넘어 올라가고 잡히고 그랬단 말이에요. 그러니까 막 세종시에서 "유가족들 다 쓸어버리라"고…. (울먹이며) 참 저희 부모님들이 그런 거를 겪으면서 그랬어요, "유가족으로 산다는 건 너무 우리나라에서는 못 살겠다. 이렇게 국민으로 취급을 안 해버리니까 못 살겠다. 우리는 국민이 아니다, 진짜". 그런 생각을 많이 했어요, '살기가 싫다'. 저희도 사고가 일어나지 않았으면 몰랐을, 진짜 정부에 대한 민낯을 너무 많이 알아버린 거예요, 너무 많이 알아버린 거야. 어디를 가서든지 저희들은 세월호 유가족이기 때문에 안 되는 거고, 세월호 유가족은 국민은 아닌 거고, 세월호 유가족이기 때문에 국민이 아닌 거고, 세월호 유가족이기 때문에 쓰레기인 거고. 살기가 이럴수록 저기 해야 되는데 그런 걸 많이 느꼈어요(울먹임).

특히나 저희 같은 경우에는 어느 때보다도 배·보상을 먼저 해버렸잖아요. 이런 사례가 없는데 어느 때보다도 배·보상을 [빨리] 해버리니까, '얼마나 빨리 묻혀지기를 바라면 그럴까, 얼마나 감추고 싶은 게 많으면 빨리 덮고 그러려고 할까' 하는 생각…. 저번 TV 보는데 "세월호 유가족 배·보상 일곱 가정 빼고는 다 됐다" 이렇게 보도가 되는 거예요, 배·보상 신청 안 하는 부모님들도 많은데. 나 아는 분이 그러는 거예요, 다 받은 줄 안대. 그 보도만 보면 일곱 가정 빼고는 전체가 다 받은 것처럼 그렇게 나와버리니까 저 아는 분도 그러더라구요, "배·보상 이제 깨끗하게 돼버린 거 아냐? 일곱 빼고 다 됐으니까". [그래서] "언론 믿지 말라"고, "지금 부모님들 소송하고 있다"고, 그런 걸 모르는 거예요, "배·보상 신청하지 않고 소송을 하고 있다"[라고 말해줬어요].

배·보상 신청하신 부모님들은 거기에 각서가 있어요, 더 이상 국가에 대한 책임을 묻지 않겠다는 거. 포기하라는 거잖아요. 그럼에도 우리 부모님들이 할 수밖에 없었던 그 사정들이 참 많거든요. 하기 싫은 거 억지로 하는 그런 게 많거든요. 해수부에서 부모님들한테 그런 전화도 많이, 저는 받지 않았지만, "이번에 받지 않으면 아예 못 받는다. 한 푼도 못 준다. 신청해라"면서 막 해괴한 말을 많이 했다 하더라구요. 저한테는 그런 전화는 오지는 않았는데 세희 아빠한테 좀 몇 번 온 거 같더라구요, "빨리 배·보상 신청하라"고. 막 다른 부모들은 다 한 것처럼, "안 하면 안 된다, 해라" 이런 식으로 많이 왔다고 하더라구요.

저희 아이들이 이혼한 부모님도 많고, 또 어려우신 분도 계시고, 회사를 다녔어도 진짜 다시 나갔다가 퇴사하고 다른 회사로 들어갔어도, 저금을 하기가 너무 힘드니까 생활을 못 하는 거예요. 그리고 사실은 저도 다음 주부터는 출근이지만 (한숨) 많이 망설여져요. 세희 아빠도 "회사 가서 있는 시간이 너무너무 힘들다"고 말하니까, 나

혼자 쉬는 게 너무 미안하고 그런 게 좀 있어요. 지금도, 지금 부모님들은 직장을 다녀도 다니는 게 아니거든요. 그 받은 거에, 그리고 그 금액에 사람들이 "많이 받은 거 아니냐" 이런 식으로 [말하는데], 솔직히 개인적으로든 여행자보험은 정부에서 지원하는 게 아니잖아요. 근데 그런 것까지 포함을 해서 보도를 해버리니까, 나라에서 준 것처럼. 사실 선생님들은 "돈 없다"고 여행자 보험도 안 들어줬거든요. 그러는데도 학생들만 몇천억, 여행자보험 들어줬거든요. 그 옆에 구조해 주신 그 선생님들도 같이 가고 싶었는데 "개인 돈 넣고 가라"는 식으로 했으니까 선생님들이 안 간 거고…. 그런 것까지 TV에서는 정부에[서] 준 것처럼 보도하니까, "와 많이 받는다" [하는 거죠]. 옛날에 우리 그래요, 우리 남편이 하는 말이 "내가 그 돈 줄 테니까 네 자식 그렇게 할 수 있냐"고 막말로 그런 얘기도 많이 했어요. 그냥 보면 그냥 묻어버리려고 하는 거 같아.

면담자　　　활동하실 때 '힘들 수도 있겠다, 시간이 오래 들 수도 있겠다' 하는 생각 드셨던 계기나 사건 있었어요?

세희 엄마　　　저희가 계속 서명받으러 다니고 대통령한테 전달을 하려고 했잖아요. 근데 받아들여지지가 않았잖아요. 그때 그런 생각을 했어요. 그리고 정부에서 저희들을 무력으로 막고 할 때 '아, 길게 가겠구나' 생각을 했었죠. (면담자 : 이미 청운동에 계실 때도?) 그런 느낌 많이 받았어요. (면담자 : 세종시에서는 적나라하게) 쓰레기 취급했으니까 저희 가족들을.

면담자　　　그거 직접 들으셨어요?

세희 엄마   어떻게 들었냐면, 저희가 세종시 대치하고 있을 때 한쪽은 넘어가시고 한쪽은 부모님들이 팔짱 껴서, 경찰들이 들어내려고 하니까, 저희 부모님들끼리 팔짱 껴서 못 들어내려고 하려고 있을 때 어느 아버님이 그러시더라구요, "우리 유가족들을 쓰레기로 취급을 해서 다 쓸어버리라고 [한다]". 그때 연행됐던 부모님들이었어요, 그 부모님들이 나와 그런 말씀을 하시더라구요. "우리를 쓰레기 취급을 해서 지시를 내리는데 쓸어버리라고 그런다"고, "우리 가족들을 쓸어버리라고 지시를 한다"고 그 얘기를 하시더라고. 저는 직접 듣지 않았어도, 아버님 그분 누군지 모르겠어요. (면담자 : 현장에서는 다 들으셨겠네요) 그렇죠, 다 들었죠. 그 현장에 있는 부모님은 다 알고 있는 거죠.

면담자   어머님도 혹시 연행되실 뻔하셨나요?

세희 엄마   그러진 않았어요. 경찰, 여경들이 들어는 냈어요. (면담자 : 어디서?) 세종시에서. 여경들이 양 팔다리 다 들어서 저희들을 들어냈죠. 붙어서 갈라지게 하고 들어냈죠. 우리나라는 너무 좋은 나라죠(헛웃음).

면담자   아버님이 어머님은 밖에서 주무시면서 허리가 안 좋아지셨다고 하셨는데….

세희 엄마   그게 크죠, 계속 앉아 있었고, 그 영향이 제일 크죠, 거기서 자고.

면담자   그 당시에는 그런 걸 느끼지 못하셨어요?

세희 엄마 메미선

세희 엄마　　아파도, 허리가 아파도 "아우, 허리 아프다" [하고 참을 수밖에 없었죠]. 저뿐만 아니라 저희 부모님들도 계속 밖에서만 자고, 거의 밖에서 생활을 많이 하니까 안 아프신 부모님들이 없어요, 사실은. 아휴, 허리 아파서 앉아 있다가도 일어나고 그런 부모님들이 많았죠.

7
활동 당시의 어려움

면담자　　활동하시는 동안 유독 시간이 안 간다고 느끼는 때는 없으셨나요?

세희 엄마　　국회에 있을 때 그게 제일 많이 됐어요, 국회에 있을 때. 국회에서는, 광화문에 [있을 때]는 왔다 갔다라도 하는데, 국회 있으면 그 안에서만, 어디를 갈 수 없으니까, 그 안에서만 맴돌아야 되니까, 그때가 제일 시간이 안 갔던 거 같아. 부모님들이 국회 있으면 처음에는 밤에 많이 잤는데 나중에는 주무시는 부모님들이 줄었어요. 부모님들이 그래요, "낮에보다 밤이 무섭다". 낮에는 보는 사람들이 많기 때문에 그래도 덜한데 밤에는 여차하면 들어내려고 하는 조짐이 보였던 것 같아요. 그러니까 처음에는 부모님들이 계속 밤에 있었지만 나중에는 부모님이 왔다 갔다 낮에만, 아침에 와서 저녁에 가시니까 밤에는 주무시는 부모님이 줄잖아요. 그 틈을 타서 우리 부모님을 들어내려고 하는 기미가 보이니까 "밤에 더 많이 주무셨으면 좋겠다"[라고 했었어요]. 부모님들이 그랬어요, "밤에 더 무섭다"고, 소리 소문 없이 들어낼까 봐. 저는 우리 부모님들하고 있으니까, 그때는 많이 옆에 있으니까 감지를 안 했으니까 [몰랐는데], 나중에 부모님들 줄어들면서 아침에 안산에서 오면 저녁에 가니까, 밤에 남아 있는 부모님들이 반 이상 줄어드니까 그 부모님들이 그런 걸 감지를 했던 것 같아요. 들어내려고 했던 것 같아요. 그래서 "밤이 더 무섭다. 부모님들이 밤에 더 많이 있었으면 좋겠다" 그런 말씀도 하셨던 것 같아요. 오늘은 여기까지 하죠.

면담자 네, 너무 수고 많으셨어요. 감사드립니다. 오늘 3차 구술은 여기서 마치도록 하겠습니다.

4회차

2016년 3월 23일

1
시작 인사말

면담자 　　　본 구술증언은 4·16 사건에 대한 참여자들의 경험과 기억을 기록으로 남김으로써 이후 진상 규명 및 역사 기술에 기여하고자 합니다. 지금부터 배미선 씨의 증언을 시작하겠습니다. 오늘은 2016년 3월 23일이며, 장소는 안산시 단원구 세승빌라입니다. 면담자는 김아람이며, 촬영자는 김솔입니다.

2
국회에서의 일화와 세종시에서의 진압

면담자 　　　저번에 국회와 청운동 농성, 세종시 농성, 배·보상 이야기해 주셨는데 더 생각나는 거 있으시면 말씀해 주세요.

세희 엄마 　　　그냥 일화라고 그래야 하나? 국회에서 있을 때 비바람이 엄청 친 날 있어요. 그때 국회 깃발이 찢겨져 나갔었거든요, 그 밤에 국회 깃발이 찢겨져 나가가지고…. 그때 천둥은 쳤는지 기억은 없고 아무튼 비바람이 엄청 몰아쳐 가지고 국회 깃발이 찢겨져 나갔을 때 "아, 지금 국회가 이런 현실을 보여주는 거 같다"라는 부모님들 [이야기가 있었어요]. 그거를 보고 "지금 우리 국회가 이런 상황을 보여주는 거 같다"라고 부모님들이랑 그때 이야기했던 거 그것도 기억나고. 근데 금방 바꾸더라구요(웃음). 그 깃발을 그러고 나서 바뀌었더라구요(웃음). 그런 일화도 있었어요. (면담자 : 그때 밤이었어요?) 밤이었던 것 같아요.

면담자   무섭지 않으셨어요?

세희 엄마   같이 있으니까 무섭고 이러진 않았는데 우리 부모님들이 그런 생각을 했었죠, 깃발 찢어지고 그러니까 "지금의 국회를 보여주는 것 같다", 그때 저희 부모님들끼리 막 그랬어요.

면담자   2015년 4월 6일에 세종시 해양수산부 청사에 항의 방문 했을 때, 경찰이 어머니를 들어서 옮겼다 하셨는데, 그 후에 어떻게 됐어요?

세희 엄마   들어서 옆으로 옮겼었거든요. 이렇게 막 [몸을] 올리니까 속살까지 보이고, 좀 여자로서는 조금 기분 나쁠 거, 기분 좀 그랬어요. 뱃살이나 이런 게 다 드러나게 저기 하고 그러니까. 그러고 제가 그때 우산을, 비가 온다고 그때 기억을 해서, 우산을 더군다나 새 우산을 하나 챙겨 갔다가, 나도 공격을 해야 되는데 (웃으며) 공격할 게 없는 거야(웃음). 그러니까 얼떨결에 우산으로 경찰들을 이렇게 이렇게 때렸는데 그게 무기가 되니까 경찰들이 그 우산을 갖다 강제로 뺏어가지고 버리고(한숨). 그때는 저 같은 경우에는 너무 가슴통증, 그런 거를 보고 그러면 한 번씩 숨을 못 쉴 때가 있으니까, 그때도 비상약으로 가지고 다니고 지금도 가지고 다니지만, 가슴통증 느끼고 숨 좀 못 쉬고 그러면 먹으려고 비상약을 가지고 다녀서, 안정을 취하고 차에 좀 앉아 있다가 저 같은 경우에는 나오고 들어가고 그랬었거든요.

세희 엄마 배미선

근데 저희 부모님들 같은 경우 정문에 돌파하려고 막 밀치니까 못 들어오게 문 닫아버리고 부모님들이 거기서 담을 넘어서 그 안에 들어가고, 들어간 상태에서도 다시 잡혀서 나오고 그런 상황들이 됐었죠.

면담자　　　정부 쪽에서 직원이 나오지는 않았어요?

세희 엄마　　그러진 않았어요, 나오진 않았고 저희 대표들이 들어가서 얘기를 하고 [우리는] 기다리고…. 들어가기 전에 몸싸움이 심했던 것 같아요. [대표분들이 해수부로] 들어갔었어요. 얘기하고 나와서….

면담자　　　그때 주로 외치셨던 구호나 요구 사항을 한마디로 정리할 수 있었어요?

세희 엄마　　저희들이 가서 저기 한 게 거기뿐만 아니라, 죄송해요 (웃음), 기억이 안 나(웃음). (면담자 : 세종 가셨을 때는 특별법 시행령 관련 요구들이) 아마 그게 더 컸을 거예요.

3
활동 당시 통증과 경찰 대치 및 몸싸움

면담자　　　가슴통증은 본래부터 있으셨던 건가요?

세희 엄마　　있지는 않았구요, 사고 이후에 그런 통증이 오더라구요. (면담자 : 갑자기?) 네, 가슴이 한쪽이 아파오다가, 나중엔 그게 감정이 더 실어지고 흥분 좀 많이 하고 이러면 통증이 와서, 나중엔 너무 심할 때는 호흡하기가 너무 힘들 때가 있어요. 지금은 호흡까지는 아닌데 가슴통증이 지금도, 무슨 조금만 일만 하면 가슴통증은 느껴요, 계속해서. 병원에 가서도 진찰을 받았는데 그렇게 특이 사항은 없어요, 특이 사항은 없어요. 처음에는 통증이 너무 자주 오고 심하고 그랬어요, [장례 치르고 난] 후부터 통증이 막. 지금도 통증은 있어요. 비상약으로[을] 가지고 다녀요, 너무 통증이 심하고 호흡하기 힘들어지면 먹어야 되니까. 근데 그 증상이 저만 있는 게 아니라 저희 부모님들 대다수가 있어요. 저희 반 엄마들이 있어요, 저뿐만 아니라. 감정이입 되고 저기 되니까, 세종 갔을 때가 제일 저기 했었고, 광화문 갔을 때 부모님들하고 그 현판 아래서 지낼 때 그때도 그랬었고, 세종시 갔을 때, 그때가 가장 저한테는 컨디션이나 이런 게 제일 좋지 않았을 때이지 싶어요, 통증 가장 많이 느꼈을 때기 때문에.

면담자　　　경찰하고 물리적으로 맞선 건 세종시에서만 유독 심했던 거죠?

세희 엄마　　아니요, 심했죠 다른 데도. 그거는 저기 하는데 사실 세종시는 그렇게 몸싸움이, 제일 심했을 때가 저희 광화문 현판 들어가기 위해서 부모님들 (웃으며) 거기 들어올 때도 너무 힘들어서 막 007 작전은 아니고 진짜 택시 타가지고 그 앞에서 내리면 경찰들이 못 내리게 문을 닫아버리고 이런 상황도 있었고 그러니까, 그때도 제일 많이 몸싸움을 하고, 제일 많이 했던 것 같아요.

면담자   욕은 안 하셨어요?

세희 엄마   엄청 했죠, 제일 많이 느는 게 욕이에요. 제가 지금까지 살면서 우리 애들한테 "이 새끼, 이놈의 새끼" 진짜 그 말밖에 안 했거든요. 맨날 애들이 싫어했어, "엄마, 왜 맨날 새끼, 새끼 하냐"고 그러면 "당근이지, 넌 내 새끼니 새끼라고 하지 뭐라고 그래", "엄마, 그것도 욕이야", "내 새끼한테 내 새끼라 부르는 게 그게 무슨 욕이야", 그 정도였어요. 우리 애들한테는 욕 한 번을 안 하고 그랬는데 여기 와서는 저도 모르게 욕이 나오니까…. 근데 저는 조금 약하고 심하신 부모님들이 더 많고. (면담자 : 자기도 모르게 나오나요?) 모르게 나오더라구요. 저희 반 부모님들이, 엄마들이 그래요, "세희 엄마가 그런 면이 있는지는 몰랐다". (웃으며) 그렇게 옆에서 같이 대응해 주는 사람이 있는 반면에, 더 수그러들고 움츠러드는 부모님이 있는 반면에, 저 같은 경우에는 앞에 가서 [욕] 엄청 많이 했으니까 돌아오고 나서는 얌전해지니까, "그런 면이 있는지 몰랐다, 이중적인 면" (웃음). 그런 말을 많이 들었어요, "너무 틀리다".

면담자   진압 경찰들이 안 좋은 말을 하거나 그런 적은 없나요?

세희 엄마   없어요, [보통은] 저희가 말을 시키면 눈[을] 아래로 깔고 [그랬어요]. 진짜 충격적이었던 거는 여경이었는데 우리가 이야기하는데 눈을 부라리는데 (웃으며) 엄마들이 거기에 충격을 먹더라구요. 다른 의경들 같은 경우나 경찰들 같은 경우에는 보통 아무 말도 안 해요, 시켰겠죠, "대응하지 말아라"라는. 보통 보면 거의 다 눈을 다 아래로 깔아요, 아래로 깔아요. 위로 안 해요, 눈 마주치려고도 안 해요. 그 여경들은 광화문에 있었을 때, 광화문 현판에 있었을 때 그 여경들은 눈을 갖다가 부라리는데, '남자애보다 여자애들이 더 무섭다'라는 게 저기 집어낼 때도 여자애들 여경들이 더 악착같이 저길 했었고. '여자애들이 무섭다'라는, '남자애보다 여자애들이 더 무섭구나'라는 그런 데서 한 번 봤어요. 표정으로 싹 하고 위로 치켜 뜨면서 딱 보는데(웃음).

면담자　　　그때 놀라셨겠네요.

세희 엄마　　놀랐죠. 남자애들 같은 경우는 눈을 아래로 깔아요, 거의 다. 저희들 부모들이 광화문 현판에 있을 때도 경찰들도 많고 의경도 많았잖아요. 그래서 저희가 그랬어요, "여기서 이 자리에서 간담회를 하라"고 (웃으며) 우스갯소리로. 다 막고 있으니까, 경찰들이잖아요. 차 벽에 다 세워져 있는 상태였고, 진짜 저희 부모님들은 화장실도 못 가게 에워싸 버렸으니까, 저희가 "여기에서 간담회를 하면 좋을 것 같다" [그랬어요]. 사실상 경찰들이나 이런 사람들은 우리보다 더 모르더라구요. "내용, 정보 같은 거를 차단을 한다" 하더라구요. 어떻게 보면 우리보다 더 잘 알 것 같은데 "더 모른다"고 하더라구요. 사실 그게 맞아요. 저희 오빠도 경찰이긴 하지만 이런 내용들을 몰라요.

면담자　　　몇 시간 정도 있었어요?

세희 엄마　　그 안에서만? (면담자 : 네, 차 벽 안에서) 처음에 저희가 저기 할 때는 나가서 화장실 가는 거는, 화장실 가는 거는 보내줬었어요. 나중에는 우리 부모님들이 계속 모이다 보니까 갔다가 오면 한두 명씩 붙어서 오니까 (웃음) 나가지도 못하게 하고 그러니까 저희가 그때 엄청 저기를[항의를] 했죠. "그러면 우리가 여기에다, 부모님들이 화장실 볼일을 봐야 되겠냐", "안 된다"고 그러면 "보내달라", "못 보내준다"고 그러니까 저희 부모님들 "차 벽에다가 우리 볼일 봐도 본다"고 그러니까 부모님들이 볼일을 보니까, 여경도 있었지만 의경도 있으니까 그러더라구요. "어머니, 여기서 이러시면 안 된다"고 막 여경들이 다 에워싸는 거예요. "그럼 어떻게 하라고" (면담자 : 실제로 그렇게?) 했어요, 저희가 그 옆에 있었다니까. 그 앞에서 진짜 광화문 현판하고 100미터도 아니지 한 50미터도 안 되는 그 거리에서 오도 가도 못 하게, 광화문 현판에 있는 부모님들은 부모님들끼리 못 나가게 막고, 저희들은 저희들끼리 움직이지도 못하게 싹 둘러쌌으니까. 그리고 거기서 점심도 해결을 했고….

면담자   대로를 두고서 갈라져 있었던 거예요?

세희 엄마   대로가 아니라 길을, 광화문 현판 바로 옆에 그 길을, 아예 소통을 못 하게 막아버리고 그랬어요, 부모님들이 와가지고 도시락만 전달해 주고.

면담자   2014년 여름에 7월 12일부터 119일간 4·16특별법 제정 촉구 단식 농성, 유민 아버님이 광화문에서 하시고, 8월 15일에 프란치스코 교황이 범국민대회 있던 날에 방문했었죠. 기억나세요?

세희 엄마   저희는 부모님하고 활동을 같이 다 했으니까 같이 많이 뭉쳐서 다녔죠. 유민 아버님 단식할 때도 그랬고, 저희가 국회에서 단식을 하고 광화문에서 단식을 하고 이럴 때 저희가 가고 싶어도 한번 나갔다가 들어오기가 힘드니까 못 가고 그랬던 게 많았어요. 왕래를 할 수 있었으면 몇몇 부모님은 왔다 갔다 하셨지만 저희 같은 경우에는 거의 많이는 못 움직이게 저기를 하니까…. 국회에도 저희는 계속 있었고, 국회에서도 저희 부모님들이 단식을 했었어요. 광화문에서 하는 것처럼 저희도 아버님들이랑 어머님들이랑 이렇게 며칠씩 돌아가면서 계속 같이 했었어요. 그러면서 국회에서 단식을 접고 접었는데, 광화문에서 계속 유지를 한다고 해서 광화문에서는 계속 유지를 했던 거고 저희는 부모님들이 국회에서는 접었죠.

4
기독교 신앙과 인식 변화

면담자　　교황 와서 만났을 때는 부모님들끼리 어떤 이야기 나누셨어요? 종교는 어떻게 되세요? 아버님은 기독교라고 하시던데.

세희 엄마　　저도 처음에는 다녔죠, 그러다가 어느 순간엔가 다니지는 않았는데 믿으려고 노력을 하고 있어요. 이 일 터지고 나서는 거부감이 더 많이 났었어요. 세희 동생이 교회를 다니는데 제 생각에도 '그날 사고가 나고 나서 엄청 기도를 많이 했지 않았을까'. 제가 또 "기도를 해달라"고 그랬고 [교회를] 다녔으니까. 사고 이후에는 우리 아이도 아예 믿지를, [교회] 다니지를 않으니까, 그쪽에 계셨던 모든 분들하고 연락을 아예 안 해버리니까, 그 상실감이 컸던 것 같아요, 저도 그랬던 것 같고.

면담자	그런데도 다시 신앙을 생각하고 계신가요?

세희 엄마   가지려구요. (면담자 : 그거는 왜?) 저희 부모님 중에 그러시더라구요. "나중에, 지금은 아니지만 이게 혹시라도 해결이 되고, 지금도 그렇지만 마음이 불안하고 이럴 때에 누군가 하나를 믿고 의지한다는 게 너무 힘이 된다"고 그러더라구요. "의지가 된다"고 그런 말을 해주더라구요. 불교든 기독교든 천주교든 하나의 믿음이 하는 거는, 그분 같은 경우에도 믿지 않은 상태였었는데 "어디에서 마음을 못 잡다가 지금은 많이 안정이 되었다" 그런 말씀을 해주시더라구. "한번 가져보는 게 더 좋을 것 같다" 그런 얘기를 하시더라구요. "생각해 보겠다", 아직은 그 상태.

면담자   교회에서 만나시는 분들이 있었나요? 아니면 ○○이가 다니면서 알고 있는 정도였나요?

세희 엄마   ○○이만 다녔고 저희는 다니지 않았어요. 믿음은 있었어도, 세희 아빠 같은 경우도 믿음은 있었어도 다니지는 않았고, 세희하고 ○○이는 어렸을 때부터 다녔었고. ○○이는, 세희 동생 같은 경우에는 학교생활 하면서도 계속 믿음생활을 했었고 그랬던 저기라 조금 그랬어. 처음에는 교회에 목사님이나 전도사님이나 세희 동생이 말을, 전화도 안 받고 문자를 해도 안 하니 아예 저기를[무시를] 하니까 저한테 문자가 오고 "잘 있냐?"고, "어떻게 지내고 있냐?"고, "○○이가 연락이 아예 안 된다"고 저한테 많이 물어봤죠. 교회 목사님이나 전도사님이나 이러신 분들이 저한테 안부를 많이 물었었어요.

5
혼자 있고 싶어 하는 동생

면담자   동생은 요즘에 학교 개학해서 바쁘죠?

세희 엄마   지금 고등학교 2학년. 처음에는 사고가 나고 나서 세희 아빠 같은 경우에는 진도에서 내려가 있었고 저 같은 경우는 ○○이가 제 옆에서 있었거든요. 제가 그때 세희 아빠 대신해서 ○○이가 엄청 많이 의지가 됐어요. 제가 의지를 하면서도 제가 챙기지 못한 게 미안하고 너무 오래 아이를 긴 시간 동안 방치했다는 게 그러긴 한데…. 항상 가면, 나갈 때 되면 그랬어요 우리 아들이, "잘 갔다 오라"고, "조심해서 갔다 오고 밥만 많이 해놓고 가"라고. 안 들어올 때도 있고 갔다가 올 때도 있지만 그러고 온다고 해도 밤늦게 오고 이러니까 얼굴을 못 보니까. 같이 있을 때는, 하루 이틀 집에 같이 있을 때는 밥을 먹고 나서도 "허기가 진다"고 그러더라구요. 허기가 진대요, "허전하다"고. 자꾸 매일매일 그거를 계속 찾아요, 먹을 거를. 그러면 있으면 어느 때는 진짜 치킨을 사줄 때도 있었고 아니면 족발이나 보쌈이나 이런 거를 사주고 [그랬어요]. 치킨이나 이런 걸 사주면 혼자서도 그걸 다 먹어. 저녁을 먹고 나서도 그걸 혼자서도 다 먹어요.

그러다가 그게 몇 개월이 지속이 되니까 아이가 살이 70킬로그램이 넘어갔어요. 거의 7, 8킬로가 늘었을 거예요. 70킬로가 넘어가더라구. 그랬더니 어느 순간에 "안 먹는다"고 더 그래 버리더라구요. 그 뒤로 아예 안 먹어버려요, 먹어도 조금만 먹고 저길 하더라구. 계

세희 엄마 배미선

속 너무 먹을 때는 먹어서 살이 쪄서 저기 하는데 그다음에는 아예 안 먹어버리고, 먹어도 조금 먹어버리고 그러니까 그것도 저기 되더라구요. 〈비공개〉 '이 아이가 혼자서 방 안에서 무슨 일을 하는 건가, 나쁜 생각을 하지는 않는 건가' 그런 생각이 드는데 처음에는 스킨십도 못 했어요, 진짜. 옆에 다가오면 거부를 해버리고 그러니까 말도 못 걸겠고 그러다가 제가 사정을 했죠. 그 아이의 옆에 가고 싶으면 단서 조항을 다는 거예요. "엄마가 네 옆에서 10초만 있다 갈게, 10초만 있다 갈게" 그러면 그 10초를 세는 거예요, "됐다"고 "빨리 가라"고. 그 컴컴한데도 불도 켜지 않고 이불 속에서만 있고 [그랬어요]. 지금은 그래도 말을 시키면 단답형이지만 말도 하고, 옛날처럼은 아니더라도 제가 조금 다가가면 같이 있는 시간이 늘었어요. 옛날에는 튕겨져 나갔어요. '사고하고 사춘기가 같이 온 게 아닌가' 그런 생각.

면담자   그 전에는 어머님하고 그런 관계가 아니었으니까.

세희 엄마   음, 그럼요. 그 전에는 제가 아래 1층에서 호출을 하면 엄마 짐 가져온 줄 알고 1층까지 내려와서 짐 들고 가고 그런 애였거든요. 그래도 옆에서 잘 부비고, 잘 저기 했던 그랬던 아이였거든요. 그래서 그런 상황은 똑같아요. 지금도 방문 걸어 잠그고 밥 먹을 때 빼고는 나오지를 않아요. 그때도 그랬지만 지금도 마찬가지예요. (면담자 : 학원이나 과외는요?) 그거는 가요, 그거는 가야 되니까. 방학 때 같은 경우에도 다른 때 같았으면 아마 친구들하고 놀러 다니고 좀 많이 그랬을 텐데 거의 나가지를 않았어요, 학교 소집일 빼고. 밤에 학원 가고, 일주일에 두 번 정도 가거든요. 그거 빼고는 거의 바깥출입을 안 했어요. 방학 동안에도 친구들하고 한 번인가? 한 번인가 나갔어요. "나갔다 온다"는 그 말이 그렇게 좋을 수가 없었어요, 아예 나가지를 않으니까. 그러니까 제가 무슨 생각을 했냐면 '방학이 없었으면 좋겠다', 집에만 있는데, 집에만 있어도 거실이나 이렇게 나오는 게 아니라 방 안에서만 있는데, 방 안에서도 이불을 뒤집어쓰고 있으니까.

면담자 　　　강제로 어떻게 하라고 하기는 어려운 상황인 거죠?

세희 엄마 　　　그래서 제가 처음에 많이 아들하고 울었던 게, 아들이 처음에 "다 괜찮다"고, 자기는 "괜찮다"고 그 말만 했거든요, 사실은 그게 괜찮은 게 아닐 건데. 처음에 상담 같은 거 이루어졌을 때도 우리 아들은 그걸 많이 거부를 했어요, "내가 왜 받아야 되냐"고 상담을, "싫다"고. 학교에서도 개별 상담 이런 건 전혀 하지 않았고 그룹으로 했을 땐 참여를 했더라구요. 제가 그러고 나서 "엄마도 나중에 상담을 받을 거다. 같이 받자, 어? 받아야 빨리 치유가 되고 아프지 않대. 같이 받자. 지금 너 마음 열 때까지 내가 기다려주겠다. 아직은 네가 받을 생각이 없으니까 너 받고 싶다고 느껴질 때 그때 얘기해라. 그럼 그때 엄마가 기다려서 너랑 같이 받겠다"[라고 했어요]. 그래서 지금 기다리고는 있는데 소식이 없어요.

면담자 　　　형제자매와 같이하는 '기억과 약속의 길' 행사도 하는데, 했으면 좋겠단 생각은 안 하셨나요?

세희 엄마 　　　처음에는 있었는데, 나중에는 한번 그런 이야기를 하더라구요. 그때 광화문에 가는데, 가족들이 다 가는 그거였던 것 같

아. 그래서 가기를 원해서 "가자, 가자" 그러면 "싫다"고 해서, 어느 날 세희 동생이 그러더라구요. "이번에 가면 다시는 나한테 가자고 하지 말아라", "이야기하지 말라" 그러더라구요. 그래서 '아, 얘가 아직은 아니구나' 그 생각이 들어서 그다음부터는 가자는 이야기를 아예 못 꺼냈고 그냥 "우리 갔다 올게", "엄마, 아빠 갔다 올게", "응, 혼자 있을 수 있어", 그러면 "이따 갔다 올게". 그 전에는 '같이 가자. 같이 갔으면 좋겠다' 이런 생각이 더 많이 들었어요. 근데 그 이야기를 딱 하는 순간 '아, 내가 너무 강요를 하고 있는구나' 그 생각이 들어서 그다음부터는 "엄마, 아빠 갔다 올게". 형제자매들끼리도 모이잖아. 그래서 '그런 데도 갔으면 어떨까'라는 생각[이 들기도 했지만], 그래서 강요는 하지는 않아요.

"이런 게 모인다더라. 너도 생각 있으면 얘기해 달라" [그러면] "싫다"고 그러고 세월호로 힐링 캠프 가는 것도 싫어해요, 완전히 그쪽하고는. 세희 동생이 지금 단원고를 다니잖아요, 아직도 그곳을 못 가요. (면담자: 교실에요?) 응, 딱 한 번 갔어요. 세희 장례식 치르고 학교, 화장하러 가기 전에 학교 들러서 왔을 때 딱 한 번 갔어요. "그 후로는 안 갔다"고 그러더라구, "못 가겠다"고.

면담자   교실 존치 문제에 대해서 ○○이가 자기 생각을 이야기한 적이 있나요?

세희 엄마   얘기하지는 않았어요, 학교에서 이렇게 물어보면 자기는 다 "모른다"고, "몰라요, 몰라요, 몰라요" 그래 버리니까. 그런 이야기를 하면 '기억하고 싶지 않고 얘기하고 싶진 않다'라는 느낌이

들어요. 그래서 처음에는, 우리 아이가 그렇게 있는 반면에 같이 활동하는 아이들도 있잖아요. 우리 아이 같은 경우는 아예 꺼내지를 못하게 하니까. 근데 한번은 물어봤어요. "누나 교실은 가봤니?" 그랬더니 "못 가겠다"고 그 얘기를 하더라구요. 그다음부터는 아무 말도 못 했어, 물어볼 수가 없더라구(훌쩍임). 다른 아이들 같은 경우에는 "자유롭게 왔다 갔다 하는 아이들이 많다"곤 하더라구요.

면담자　　　학교에서 통제를 하거나 그런 건 없는 거죠? 아이들이 가보고 싶으면 다 갈 수 있고.

세희 엄마　　　네. 지금은 신입생하고 재학생 학부모들이 "아이들 학업에 지장을 준다"고 해서 유가족 외에는 출입을 못 하게 하니까, 저희만 일주일에 한 번씩 토요일 날 [가요]. 저희도 평일에는 가지는 않아요, 저 같은 경우는. 가면 토요일이나 일요일 날 잠깐 [가고] 거의 교실은 많이 안 가게 돼요, 사실은. [4·16]기억저장소로 해서 토요일에 한 번씩 와보고, 저번 주에는 왔어요, 창원에서 아이들이 와서 같이. 세희 아빠 같은 경우에는 들어오질 않고 정문에서 기다렸었죠.

6
교실 존치

면담자　　　교실 존치 문제도 부모님들마다도 생각이 다 다르시더라구요.

세희 엄마　　　틀려요, 왜 교실 존치를, 저나 세희 아빠 같은 경우에는 사실 교실 존치 안 해도 돼요, 안 해도 돼. 우리 아이 보고 싶으면 그 장소도 갈 수도 있겠지만 우리 아이 있는 곳에 가면 되니까요. 근데 그게 이재정 교육감이나 이런 말을 비춰보면 "학교 시설에, 학교에 추모 시설을 둘 수 없다" 그건데, 유가족의 부모님들이 학교에 추모 시설이 아니라 그 교실을 교육의 장으로 쓸 수 있게 남겨달라는 거였었거든요. 근데 부모님들 같은 경우에는 거의 그 의견이 (면담자 : 존치하자?) 네, 그쪽에. 우리는 추모 시설을 원하는 게 아니라 학교 응, 내가 뭐라 했지? 교육 그걸로 하길 원하는 거죠. 그 안에서도 부모님들 생각은 다 틀려요. 존치는 원하는데, 존치를 원하는 부모님도 있는 반면에 원하지 않는 부모님도 있고, 우리는 원하지는 않아도 '왜 있어야 하는지, 이게 왜 존치가 되어야 하는지' 그거에 대해서, (면담자 : 공감을 하시는군요?) 네, 네. 보통 보면 교실을 그대로 그대로 다른 곳으로 옮겨놓는다 그래도 원래 있던 그 자리에 있는 거하고 틀리잖아요.

우리 부모님들이 9·11 테러 현장도 갔다 오고, 갔다 왔던 부모님들이 했던 이야기가 "그때 사용했던 모든 물품들", 소방차 크잖아요, "그런 [걸] 실물로 다 전시를 해놨다"고 하더라구요, 없애지 않고. 그때 사용했던 모든 거를 그러더라구요. 그러고 이번에 세희 아빠가 일본 갔다 왔었는데 거기에서도 "학교는 그 터를 그대로 뒀다"고 그러더라구요, 사고 현장 그대로. "지금 다른 데는 건물이 들어서고 그랬어도, 학교 부지 있는 자리는 그대로 무너진 붕괴 상태에 있던 그런 그대로 있다"고 하더라구요. 그러니까 옮겨서 보는 거하고 그때 상황이나 이런 걸 그 자리에서 그대로 느끼는 건 틀리기 때문에, 저 같은 경우에도 존치를 원하는 편이거든요.

면담자   다만 현실적인 문제도 같이 고려해야 한다고 생각하시는 거죠?

세희 엄마   그렇죠. 그리고 재학생 부모님들 의견은 저희들하고 틀린 거니까, 그 부모님들은 빼기를 원하는 거니까(한숨). 아직 협의 중이니까 어찌 될지 모르겠어요. 기억에서 멀어지면 진짜 잊혀진다고 그게 무서워요, 두렵고. 단지 '교실을 꼭 지켜야 된다' 그런 것보다도 계속 사람들한테 기억에서 없어지고 잊히고 그런 것들을 걱정하시는 것 같아요. 저희 부모님들은 그게 제일 무서운 거죠.

7
팽목 도보 행진, 북 콘서트, 영화 상영회, 아버님 삭발

면담자   2015년 1월 26일에서 2월 14일까지 온전한 세월호 인양과 실종자 수습 및 진상 규명 촉구를 위한 안산에서 팽목항까지의 도보 행진이 19박 20일로 있었는데 여기에 참여하셨나요?

세희 엄마   저는 진도까지는 안 하고 저희, [반별로] 구간 구간 했었잖아요? 저희는 그때 논산 구간[이어서 그 구간만 걸었어요]. 처음부터 진도까지 갔던 그 부모님들 보면 '너무 대단하다', 같은 부모지만 너무 대단하고 죄송스럽고 그런 마음이 많이 컸어요, 같이하지 못한게. 거기에서도 옆에서 많이 시민분들이 도와주시고 갈 때마다 응원해 주시고….

면담자 　지역별로 시민들 반응의 차이가 있었을 것 같은데 어떠셨어요?

세희 엄마 　저희는 [막거나] 그건 없었는데 광주? 전라도 내려가니까 "확실히 대우가 다르다"고 들었어요. 경찰들이 호위를 해주는 거나 이런 거나 전라도 쪽 가니까, 이쪽 충청도나 경기도 쪽 갈 때는 그런[보호해 주는] 게 전혀 없었거든요. 저희들이 자발적으로 이렇게 해서 가고, 위에서 선두 지휘 하면 저희가 다 따라가고 그랬었는데 "전라도 내려가니까 경찰들이 그거 해주고, 다 이렇게 저기를 해주고 그랬다"고 하더라구요. '확실히 틀리구나' [싶었어요].

면담자 　『금요일엔 돌아오렴』 책에 아버님 인터뷰하신 게 실리면서 북 콘서트를 많이 다니신 것 같은데, 어머님도 같이 자주 다니셨나요?

세희 엄마 　저는 많이 못 갔어요. 가서도 이야기를 하다 보면 감정이 북받쳐서 말을 많이 못 하고, 거의 가면 세희 아빠가 말을 많이 했어요. 하다 보면 저는 울기부터 하니까, 얘길 하다 보면 눈물부터 나고 그래 버리니까 거의 얘기를 못 하고, 지금도 간담회나 이런 데 가면 세희 아빠가 하지만, 그때도 그랬어요, 거의 다.

면담자 　〈나쁜 나라〉 상영회 하실 때는 어머니 혼자 가신 적도 있지 않으세요?

세희 엄마 　아니 없어요. 저는 절대 없어요(웃음). 저는 혼자는 가지 않습니다. 생각도 잘 안 나고 하다가도 무슨 말을 했는지도 기억도 안 나고. 저는 무슨 일 있으면 "가, 그리고 나 데리고 가".

면담자　　　어머님이 혼자 가시는 건 없으신 거네요.

세희 엄마　　절대 없어요, 저는 "혼자 가라" 하면 절대 안 가요.

면담자　　　4월 4일에 정부 시행령안 폐기를 촉구하는 2차 삭발식에서 아버님이 삭발을 하셨었죠? 마음이 아프셨을 것 같아요.

세희 엄마　　아버님들보다도 어머님들이 삭발을 했을 때 가슴이 더 아팠어요. 아프고 아련하고, '진짜 우리 부모들이 이렇게까지 해야 하나' [싶더라고요]. 그런 걸 보면 '우리가 이 나라 국민이긴 한 건가 진짜', 그 전에는 당연히 대한민국 국민인 게 (면담자 : 의심해 본 적이 없었는데) 네. 진짜 이런 일을 겪고 나서는 '진정 우리가 대한민국 국민인가' 그런 생각을 많이 해요, 우리는 진짜 유가족들을 쓰레기 취급을 당하는 그런 저기를 하고 있었으니까. 그런 걸 보면 아버님들보다도 엄마들이 삭발을 했을 때 가슴이 너무나 아팠고, 더 아련했고(한숨). 아빠가 했을 때보다도 엄마들이 했을 때 가슴이 더 아팠어요.

8
청문회 및 재판 방청, 진상 규명에 대한 생각

면담자　　　2차 청문회가 예정되어 있는데요. 2015년 12월 14일 YWCA 대회의실에서 열린 1차 청문회 가셨나요?

세희 엄마　　하루 갔었어요, 몸이 안 좋으니까 계속 병원 달고 살다 보니까 오래 앉아 있을 수도 없고 힘드니까, 한 번은 갔었어요.

면담자　　　법정에도 가보신 적 있으세요?

세희 엄마　　광주, 광주에 갔었어요, 선장이랑 그거 할 때. (면담자 : 법정 처음 가보셨죠?) 근데 저는 제지를 많이 당해서, "조용히 안 한다"고 그 이야기를, 이게 안 되는 거예요. (면담자 : 제어가 안 돼요?) 네, 안 돼요. (면담자 : 욕이 나와요?) 듣다 보면 울분이 터지고…. 광주 첫날 갔을 때, 선장이 엄청 살이 포동포동 쩌가지고 온 그 모습이며, 막 웃고 들어오는 그 모습이며, 그 재판을 받는 도중에 그 졸고 있는 모습이…. 그 법원 안에서는 보이지는 않는데 모니터로 보면, 처음에는 부모님이 너무 많아서 한쪽은 모니터로 보고, 한쪽은 직접 보는 건데 직접 볼 때는 보이지는 않아요. 근데 모니터로 봤을 때는 그 모습이 보여요. 모니터로 보니까 보여요. 그 선장이 졸고 있는 거예요. 그래서 있잖아, "그 컴퓨터 모니터 치워주면 안 되냐"고 제가 건의를 했었거든요.

　　"그 선장 졸고 있는 저 모습이 다 보인다"고, "졸고 있는 거를 치워주면 안 되겠냐"고 그래 가지고 "첫날은 안 되고 그다음부터 치워주겠다"고 그래서 그 모니터가 앞에 있던 거 필요한 것만 빼고 그때는 거의 다 뺐어요. 그니까 너무 안 좋은 모습들을 너무 많이 봐서, 저는 거기서도 제지를 몇 번 당하고(웃음). 진짜 거기에서 보면은 감정을 억누르고 봐야 되니까 저뿐만 아니고 다른 부모님들이 꾹꾹 참고 계시는 건데 참다가 제어가 안 되는 거니까 나와버리는 거예요.

그래서 몇 번 제지도 당하고 (웃으며) 그랬어요. 저희도 너무 답답하고, 나오는 사람들마다 다 모르쇠로 해버리니까(한숨). 이번에 할 때도 가보기는 해야 되는데 (한숨) '그거를 또 어떻게 보나' 겁이 나요. 답은 다 나와 있긴 한데 다 모르쇠로 이번에도 하겠지만 그래도 또 저희가 지켜봐야 되니까….

면담자   심리적으로 많이 부담이 되시겠어요.

세희 엄마   네, 그런 데 가면 억누르고 조용히 지켜봐야 된다는 게 너무 힘들어요.

면담자   이어서 어머니가 생각하시는 진상 규명은 어떤 건지, 어떻게 됐으면 좋겠다고 생각하시는지 여쭤보겠습니다.

세희 엄마   저희 부모님들이 한결같이 바라는 게 '우리 아이들이 왜 죽었는지, 왜 죽어야만 했는지, 왜 구조를 하지 않았는지' 그거가 제일 궁금하잖아요. 처음에 저희 부모님들이 원했던 게 그거고, 그거만 알려달라는 거야. '사고가 왜 났으며, 왜 구조를 안 했는지' 그런 거잖아요. 진짜 이거면 부모면 풀어야 하는 숙제잖아요. (면담자 : 어머님도 그렇게 생각하시고) 네.

면담자   앞으로 진행되는 일에 희망을 가지고 계세요?

세희 엄마   희망? 희망이라고 하면 저희 가족들이 원하는 대로 [되는 것이] 희망이겠지만, 그거는 많이 힘들 것 같지만 가까운 미래에 그게 아직 될 거라고는, 되었으면 좋겠지만 그게 진짜 많이 힘들 거라 생각을 하고…. 5·18 광주 사건도 오랜 시간 끌었잖아요. 저희

가족도 '아마 그렇지 않을까'라는 생각을 해요. 어려워도 가야 되는 길 맞는 거죠, 그죠?

면담자   진상 규명 말고 어머니 개인으로서 목표가 생각나시는 것 있으신가요?

세희 엄마   제가 지금 바라는 거는, 예전처럼 돌아갈 수는 없지만 티 안 내고 지내려고 할 것 같아요. 지금도 티 안 내려고 지내려고 저나, 저희 부부가 보여지는 모습이 아마 ○○이한테 미치는 영향이 있을 거라 생각을 해요. 저희들이 너무 힘들어하고 그러면 그 아이도 표현은 안 하지만 그 아이도 너무 힘든데, 엄마, 아빠가 힘들어하는 모습을 보이면 더 많이 힘들 거라 생각을 해요. 그래서 너무 가식적이면 그렇겠지만 학교에서라도 잘 보여주고 싶고, 그래도 세희의 빈자리를 덜 느끼게 해주고 싶은 그런 마음이 좀 있어요. 그러고 이제 아프지 않는 거. 아프면 제가 진짜 너무 느낀 게, 그곳에 매여 있으니까 마음은 있는데 몸은 못 가니까 그것도 힘들더라구요. 가서 같이해 주고 싶고 같이하고 싶고 그런데 건강하지 않으니까, 같이할 수 없는 게 미안하고.

부모님들한테 응원의 글만 잠깐씩 남기고 그러는 게 너무 미안하더라구요. 회사생활도 회사생활이지만 내 몸 먼저 [챙겨야 될 것 같아요]. 저희 부모님들이 그런 이야기를 해요, "끝까지 가려면 몸 먼저 챙기라"고, "그래야 끝까지 갈 수 있다"고. 아프지 않고 건강한 거, 그래야 끝까지 가죠, 끝까지 가죠(울음).

면담자   어머니, 한 달 동안 인터뷰를 해주셨는데요. 더 남기고 싶거나 생각이 나시는 말씀 있으면 듣고 아니면 마치도록 하겠습니다.

세희 엄마   마치는 게 더 좋을 것 같아요.

면담자   긴 기간 동안 하기 어려운 이야기 많이 남겨주셨어요. 감사드립니다. 그럼 여기서 구술을 마치겠습니다.

세희 엄마   수고하셨습니다.

4·16구술증언록 단원고 2학년 9반 제2권

그날을 말하다 세희 엄마 배미선

기획 편집 4·16기억저장소 ㅣ **지원 협조** (사)4·16세월호참사가족협의회
펴낸이 김종수 ㅣ **펴낸곳** 한울엠플러스(주)
초판 1쇄 인쇄 2020년 4월 1일 ㅣ **초판 1쇄 발행** 2020년 4월 16일
주소 10881 경기도 파주시 광인사길 153 한울시소빌딩 3층
전화 031-955-0655 ㅣ **팩스** 031-955-0656 ㅣ **홈페이지** www.hanulmplus.kr
등록번호 제406-2015-000143호

Printed in Korea.
ISBN 978-89-460-6778-3 04300
     978-89-460-6801-8 (세트)
* 책값은 겉표지에 표시되어 있습니다.